LE STAR-SYSTÈME HOLLYWOODIEN

suivi de

MARILYN MONROE ET LA SEXUALITÉ

Collection *Champs visuels étrangers*

dirigée par Geneviève Sellier

« Champs visuels étrangers » se propose de rendre accessibles au public français certains ouvrages de référence sur le cinéma et l'audiovisuel issus de courants de recherche anglo-américains particulièrement productifs depuis les années 1970 : les *cultural studies* et les *gender studies*, qui tentent d'appréhender les productions audiovisuelles dans leur contexte socio-culturel de production et de réception, et dans la dimension sexuée de leurs représentations et de leurs publics.

Déjà parus dans la même collection :

Edward B. Turk, *Marcel Carné et l'Âge d'or du cinéma français 1929-1945*, 2002.
Tania Modleski, *Hitchcock et la théorie féministe, Les femmes qui en savaient trop*, 2002.

ISBN : 2-7475-6628-5
EAN 9782747566285

Richard DYER

LE STAR-SYSTÈME HOLLYWOODIEN

traduit de l'anglais par Noël Burch

Chapitre additionnel de Paul McDonald
(réédition de 1998)

traduit par Jacqueline Nacache

suivi de

MARILYN MONROE ET LA SEXUALITE

traduit par Sylvestre Meininger

Éditions L'Harmattan
5-7 rue de l'Ecole Polytechnique
75005 Paris

La première partie de cet ouvrage a été publiée en anglais en 1979 par le British Film Institute (BFI) sous le titre *Stars* et réédité en 1998 avec un chapitre additionnel de Paul McDonald ; la deuxième partie est tirée d'un ouvrage édité en anglais en 1986 par le BFI sous le titre *Haevenly Bodies, Film Stars and Society*, et rééditée en 2003.
Nous remercions Richard Dyer et le BFI de leur aimable autorisation pour l'édition française.

Remerciements

Je remercie d'abord Noël Burch et Sylvestre Meininger, ainsi que Jacqueline Nacache, qui ont assuré bénévolement la traduction de cet ouvrage. Je remercie également Raphaëlle Moine pour sa relecture attentive. Je remercie enfin Régis Dubois qui a assuré la mise en page et la maquette de l'ouvrage.

Photo de couverture

Marilyn Monroe lors de la remise de la « Photoplay Magazine Plaque » pour la « fast rising star of 1952 ». Elle porte une robe dessinée par Bill Trevilla pour le film *Les hommes préfèrent les blondes* (MGM). Collection Kobal.

RICHARD DYER

LE STAR-SYSTÈME HOLLYWOODIEN

Traduction de Noël Burch

Préface à l'édition française

Les stars sont une caractéristique fondamentale du cinéma populaire, autant dire du cinéma tout court. Elles se définissent à la fois en termes sociaux et esthétiques, sans qu'on puisse séparer les deux aspects. Socialement, les stars sont une des raisons qui incitent le public à aller voir un film en particulier et les films en général, peut-être même la raison principale. Elles incarnent de façon consensuelle et intense des comportements sociaux ; elles sont essentielles pour le financement et la rentabilisation des films. Sur le plan esthétique, les scénarios sont construits ou modifiés en fonction des stars auxquelles ils sont destinés ; elles déterminent la réalisation et le montage, le style visuel et sonore des films, ainsi que la façon dont ils sont appréciés et compris. Le livre *Stars* est une tentative d'explorer et comprendre cette dimension socio-esthétique centrale du cinéma, et élabore une méthode pour l'étudier. Je me propose ici d'exposer brièvement les enjeux intellectuels et politiques qui sont à l'origine de ce travail, ainsi que quelques-unes des orientations prises depuis dans les études sur les stars.

***

Stars est issu de trois mouvements intellectuels britanniques des années soixante-dix. D'abord, l'ouvrage est partie prenante de l'émergence des études cinématographiques en tant que discipline, et en particulier de l'effervescence qui entoura à l'époque la « découverte » de Hollywood (par opposition à la valorisation d'une vision élitiste du cinéma européen). Le phénomène lui-même était associé à l'enthousiasme qu'éprouvait pour Hollywood la critique cinéphile française de l'après-guerre. On admirait le cinéma hollywoodien pour son économie narrative, son énergie et son caractère direct, mais aussi pour son audace, son « étrangeté » et ses excès. Les nouvelles études filmiques se donnaient pour but d'apprécier Hollywood à sa juste valeur tout en produisant les instruments adéquats sur le plan formel et sémiotique pour ce travail, en liaison avec deux modèles théoriques dominants, le réalisateur comme auteur et le genre. Mais il semblait évident que les stars, elles aussi, devaient être étudiées comme une spécificité d'Hollywood, qu'elles étaient un élément essentiel de son fonctionnement esthétique, et que nous avions besoin d'un cadre adéquat pour les étudier.

Au même moment, la fin des années soixante avait vu la fondation officielle des *Cultural Studies* en Grande-Bretagne. Là, l'impulsion initiale venait de la volonté d'étudier la culture populaire en tant que telle. Bien que les *Cultural Studies* aient été aussi influencées par les approches marxistes de la culture populaire, elles visaient d'abord à valoriser la culture populaire en la prenant au sérieux, et avant tout, en respectant les gens (y compris le chercheur lui-même) qui y prenaient plaisir. Si les études filmiques s'intéressaient aux stars en raison de leur importance dans le cinéma hollywoodien, les *Cultural Studies* les prenaient au sérieux parce qu'elles étaient une spécificité du cinéma populaire.

L'idée selon laquelle il faut décrire et évaluer les caractéristiques esthétiques de la culture populaire dans tous ses aspects, faisait partie du projet initial des *Cultural Studies*. Richard Hoggart, l'un des fondateurs de cette approche, a toujours insisté sur le fait que pour comprendre le sens social d'une production artistique quelle qu'elle soit, il faut d'abord la considérer comme un art, parce qu'en tant que fait social, c'est un art. La différence réside dans les spécificités esthétiques de cet art populaire par rapport à celui de l'élite ou des classes moyennes, mais il doit être décrit et compris dans ses propres termes. Les stars de cinéma sont l'une de ses manifestations.

Troisièmement, *Stars* s'insère dans le développement sans précédent de la notion de représentation comme catégorie dans le champ des « identités politiques » : les mouvements de femmes, de Noirs, de gays et lesbiennes. Pour ces groupes[1], la façon d'être

---

[1] Il y a eu plus tôt mais de façon moins insistante un intérêt pour les représentations de la classe ouvrière, et plus tard, d'autres groupes, comme les handicapés, ont fait du problème de leurs représentations un enjeu central de leur activisme. Notons également que le terme « Noir » a été utilisé en Grande-Bretagne à l'époque par des militants qui englobaient en principe toutes les

représenté dans l'art, dans la littérature et avant tout dans les mass media traduisait la façon dont la société les traitait : les images de femmes, de Noirs, par exemple, montraient comment ils étaient perçus par les autres, et comment ils se percevaient eux-mêmes ; dans la mesure où ces images restaient largement négatives, les groupes militants se battaient pour qu'elles changent. Les stars font partie des images les plus influentes et suggèrent des modèles en termes de classe et de sexe qui méritent d'être analysés et éventuellement dénoncés. Dans ce processus, on voit poindre deux complications qui font elles-mêmes partie de l'histoire récente de l'étude des représentations. D'abord, les stars sont adulées, y compris par les gens qui font partie de groupes opprimés ou socialement marginaux. Un travail qui se contenterait de les critiquer ne serait pas à même de prendre en compte les sentiments qu'elles inspirent ; pour y parvenir, il faut à la fois de la sympathie et de l'esprit critique. Cela implique en retour de reconnaître l'importance de l'étude des publics pour comprendre les stars, ce qui n'est qu'esquissé dans *Stars,* mais sera davantage développé par la suite, comme on le voit dans le chapitre écrit par Paul McDonald pour l'édition de 1998 (inclus dans l'édition française). Ensuite, bien que le système soit traversé par des contradictions et des résistances, la plupart des stars incarnent des modèles sociaux dominants. Je m'aperçois seulement aujourd'hui, en écrivant cette préface, que j'ai découvert involontairement l'autre mouvement important concernant les représentations, et qui visait l'analyse des images des groupes dominants : les hommes, les hétérosexuels et les Blancs (même aujourd'hui, seul le premier de ces groupes a donné lieu à un nombre important d'études).

***

Depuis la première édition de *Stars* en 1979, les travaux sur les stars se sont notablement développés dans le cadre des études filmiques anglo-saxonnes : Paul McDonald en a fait la synthèse dans le chapitre additionnel de l'édition de 1998, traduit ici. Je voudrais mentionner dans cette préface certains développements

---

minorités ethniques (en l'occurrence, les Indiens, les Chinois, les Juifs et les Tsiganes), bien que ce soit devenu maintenant une appellation controversée.

particuliers qui constituent en quelque sorte une autocritique.

Le projet de *Stars* était en partie de faire une synthèse des études déjà publiées sur le sujet. Bien que cela supposât de rendre compte des travaux, par exemple, de Francesco Alberoni, de Béla Balázs et d'Edgar Morin, il n'en reste pas moins que *Stars* a sans doute sous-estimé (par ignorance) l'importance des concepts qui avaient déjà été élaborés dans ce champ. Il reste beaucoup à faire pour intégrer les travaux antérieurs, comme les débats sur la photogénie ou les concepts critiques développés à Weimar et dans l'Allemagne nazie (et pas seulement l'Ecole de Francfort), dont Erica Carter rend compte dans son ouvrage récent, et dans beaucoup d'autres dont je n'ai même pas connaissance.

Deuxième limite qui est liée à la première, *Stars* est une étude qui ne porte que sur les stars hollywoodiennes. Autant que je puisse le savoir, l'on n'a commencé que récemment à explorer d'autres corpus : les stars européennes, indiennes, sud-américaines entre autres. Pourtant, il ne me semble pas que l'extension des études de stars aux cinémas non-hollywoodiens ait fondamentalement remis en cause les méthodes développées dans *Stars*. Pour rendre compte de l'image de stars comme Alida Valli ou Marcello Mastroianni, Nargis ou Amitabh Bachdan, par exemple, il faut les situer dans le cadre spécifique de l'industrie du cinéma et des traditions culturelles dont ils/elles sont issu-e-s, mais un tel travail historique est fondé sur des méthodes identiques à celles qui sont explorée dans *Stars* : chacune de ces stars exprime des significations et incarne des sentiments différents selon qu'on est en Italie, en Inde ou à Hollywood, mais personne n'a démontré jusqu'ici qu'il fallait utiliser des méthodes différentes pour les étudier. Celles que propose *Stars* sont toujours en étroite relation (peut-être même trop étroite) avec le contexte culturel et historique : c'est précisément la raison pour laquelle elles peuvent être appliquées au-delà de l'exemple hollywoodien[2].

---

[2] Ce qu'a démontré, me semble-t-il, la quatrième « Popular European Cinema Conference » sur les stars qui s'est tenue à Stockholm en 2003, et dont les actes doivent être publiés. Voir aussi l'ouvrage de Ginette Vincendeau, *Jean Gabin, anatomie d'un mythe* (Paris, Nathan, 1993) et son livre plus général sur les stars françaises, *Stars and Stardom in French Cinema* (Londres, Continuum, 2000), ainsi que dans l'ouvrage collectif dirigé par Richard Dyer et Ginette Vincendeau,

Troisièmement, je pense que, d'une façon générale, les méthodes de *Stars* peuvent être appliquées au-delà du domaine exploré dans l'ouvrage, celui des stars de cinéma, c'est-à-dire dans le domaine de la télévision, de la musique de variétés et du sport, ainsi que pour les stars de théâtre de la période antérieure, ou pour des figures comme Byron, Liszt, George Sand et Harry Houdini. Il y a bien sûr des différences liées aux spécificités des moyens d'expression et des modes de consommation culturelle : les stars des feuilletons télévisés (*soap operas*), par exemple, sont souvent connues par le nom de leur personnage et n'interprètent qu'une nombre limité de rôles ; la popularité de certaines stars de la musique de variétés est liée aux hit-parades ; les footballeurs ne deviennent des stars que s'ils ont un talent indiscutable, la capacité à marquer des buts ; les stars de cinéma ont un statut différent de celui des stars de la télévision, associées à la vie quotidienne ; le statut des stars de la musique de variétés, souvent lié à une sous-culture et/ou à une consommation privée, diffère sensiblement de celui des stars d'opéra ou de théâtre appréciées par les élites. Mais ce sont des différences de degré. La notion centrale de star, qui, dans *Stars*, est implicite plutôt que directement énoncée, ne doit pas être considérée comme spécifique au cinéma : est une star toute personne célèbre pour ses prestations dans n'importe quel domaine, mais qui suscite l'intérêt à cause de ce qu'elle est censée incarner, plus que d'un incontestable talent ; un intérêt nourri, bien au-delà du champ de ses compétences, par ce que l'on connaît de sa « vie privée », et qui se répand largement sur cet aspect de sa vie.

Ce qui est différent, en tout cas – et probablement de plus en plus fréquent –, est la star ou la célébrité qui n'est pas connue pour quelque compétence particulière mais pour « elle-même ». Cette figure est brièvement évoquée dans *Stars* par Zsa Zsa Gabor et (à

Popular European Cinéma (Londres, Routledge, 1992) les articles de Thomas Elsaesser sur Reinhold Schünzel (pp. 72-86, de Veijo Hietala et al. Sur Uuno Turhapuro (pp. 126-140), de Carol Jenks sur Barbara Steele (pp. 149-162) et d'Anita Skwara sur l'absence de stars dans le cinéma polonais (pp. 220-231). Je suis sûr qu'il existe d'autres études, et au-delà de l'Europe, dont je n'ai pas connaissance.

tort) par Brigitte Bardot[3], mais on peut en repérer aujourd'hui diverses déclinaisons : les présentateurs de télévision (qui ne sont pas perçus comme accomplissant une performance), les mannequins et la *jet set*, les époux/ses et les « parasites », et en particulier toutes les célébrités fabriquées par ce qu'on appelle la télé-réalité, qui ne sont connues que par le fait d'avoir été présentées au public (pour reprendre le titre du livre d'Irving Goffman, évoqué brièvement dans *Stars*). Les stars de cinéma (comme celles du sport ou de la musique de variétés) sont légitimées par une activité professionnelle qui les rend intéressantes, même lorsqu'elles ne font que l'évoquer dans leurs autres apparitions publiques (avant-premières, émissions télévisées, etc...) et dans ce qu'on apprend de leur vie privée. La personne célèbre qui n'a aucune activité professionnelle, d'autre part, est connue à travers ses apparitions publiques et une vie privée qui est en fait vécue le plus souvent en public (soirées « privées », reportages dans les magazines du type *Voici, Ola !* et leurs imitations), jusqu'au point où la distinction entre public et privé n'est plus pertinente, dans des programmes de télévision comme *Big Brother* et la « téléréalité[4] ». Tout cela peut sembler donner raison à Daniel Boorstin lorsqu'il dit que les stars sont célèbres par leur célébrité. Or cette idée m'avait laissé sceptique quand j'écrivais *Stars* ; et je maintiens que l'aura des stars et des célébrités n'est pas vide, n'en déplaise à Boorstin, mais qu'elle est fonction de ce que nous leur faisons représenter. En même temps,

---

[3] À tort dans le contexte de l'époque où elle a été une star de cinéma, bien qu'elle ait été célèbre à l'étranger davantage pour son image de « lolita » que pour ses films (voir Ginette Vincendeau, « L'Ancien et le Nouveau : Brigitte Bardot dans les années cinquante », *CinémAction* n° 67, 1993, pp. 141-146).

[4] L'auteur fait référence à la fois aux émissions du type « *Loft Sory* » et à ce que les anglophones appellent « fly on the wall documentaries », l'expression utilisée à propos du tournage de la série américaine *An American Family* par les Raymonds ; ils filmaient "as flies on the wall", c'est à dire que les membres de la famille Louds qu'ils filmaient n'étaient pas sensés se rendre compte de leur présence : les Raymonds ne posaient pas de questions aux membres de la famille, ne faisaient pas d'interviews, etc. En bref, il s'agit de se faire oublier comme une mouche sur le mur (cf. Jeffrey Ruoff, *An American Family*, University of Minnesota Press, 2002). L'expression a été par la suite utilisée pour tout documentaire tourné avec ce principe (exemple: les docus de l'emission *Strip tease*). (NDT. Merci à Roger Odin pour ces précisions).

les célébrités sans talent reconnu ni succès professionnel, peuvent être considérées comme la conclusion logique du processus historique analysé dans *Stars*, c'est-à-dire la tendance des stars à être non plus des modèles mais des gens « comme vous et moi ». On s'est moqué, à l'occasion de l'élection de Georges W. Bush, du fait que les Américains avaient toujours été convaincus que n'importe qui pouvait devenir président des Etats-Unis, et que c'était arrivé. On peut dire la même chose des gens qui deviennent des stars par leur seule présentation publique.

Quatrièmement, le développement le plus stimulant des études sur les stars me semble le travail de Danae Clark[5] et très récemment celui d'Adrienne McLean sur Rita Hayworth[6]. Elles nuancent l'idée dominante selon laquelle les stars sont simplement contrôlées et fabriquées par l'industrie du cinéma, mais aussi la méthodologie de base de *Stars*, qui consiste à traiter les stars comme si elles n'étaient pas construites à partir de personnes réelles. Clark et McLean insistent sur l'intelligence et le travail des stars, dans les aspects les plus concrets des négociations de leurs conditions de travail (souvent définies par les studios à partir de positions de pouvoir de plus en plus fortes jusqu'à la fin brutale du système des studios) et elles mettent en valeur leur contribution active à leur jeu et à la présentation de leur image. Cela ne doit pas nous ramener à l'idée que la star est une présence magique ou un individu supérieur, ni nous inciter à remettre en cause les prémisses fondamentalement sociologiques selon lesquelles une star est une star parce qu'elle est la personne adéquate à la bonne place et au bon moment. Mais ces travaux ont le mérite de souligner qu'être une star constitue une forme de travail bien particulier, pour lequel est requise une aptitude spécifique (et très rare). Cette aptitude varie dans sa forme et dans son degré selon les cas, tout comme varie le degré de pouvoir nécessaire à telle ou telle star pour parvenir à construire son image ou son jeu ; mais il est malgré tout important de restaurer l'idée d'une intelligence et d'une aptitude,

---

[5] Danae Clark, *Negotiating Hollywood : The Cultural Politics of Actor's Labour*, University of Minnesota Press, Minneapolis, 1995.

[6] Adrienne McLean, *Being Rita Hayworth : Labor, Identity, and Hollywood Stardom*, Rutgers University Press, 2004.

pour rendre pleinement compte de l'état de star.

À ce propos, qu'on me permette de terminer sur un de mes exemples favoris. A la suite de *Stars,* j'ai écrit en 1987 *Heavenly Bodies*[7], ouvrage évoqué par McDonald et dont le chapitre sur Marilyn Monroe est traduit ici. J'y analysais l'image de star de Judy Garland en relation avec la faveur particulière dont elle jouissait auprès des spectateurs gays. J'ai exploré ses qualités d'intensité émotionnelle et d'ironie, particulièrement sensibles pour un public gay, ce mélange de banalité et d'étrangeté, d'androgynie et de *camp*[8] dans son travail. Ces élements, je crois, expliquaient aussi complètement que possible l'attrait qu'elle exerçait sur les gays. Pourtant, lorsque je la revois dans beaucoup de ses films et dans ses shows télévisés, j'ai envie de laisser tomber toutes ces analyses pour dire simplement qu'elle était merveilleuse. En fait, il est important de garder à l'esprit le lien entre l'émerveillement que l'on ressent devant la star et les significations sociales qu'elle incarne, d'essayer d'articuler les deux aspects. Le talent particulier ou même les dispositions psychologiques de la star semblent être cette capacité à habiter son image de façon à lui donner vie, à produire du sens avec cette dimension magique et cette intensité émotionnelle. Peut-être une telle formulation peut-elle restaurer dans toute sa force le concept de charisme, sans l'expliquer de façon réductrice comme une convergence de forces sociales, ni s'en remettre à l'idée d'une personnalité transcendante,

---

[7] ouvrage réédité en 2003 chez Routledge (Londres et New York)

[8] Le « *camp* » est une attitude esthétique face aux productions culturelles qui mêle le plaisir et l'ironie face à leur style excessif et irréaliste : les films de série B, l'opéra et les stars sont particulièrement appréciés par l'esthétique *camp*. Cf. Fabio Cleto (ed.), *Camp : Queer Aesthetics and the Performing Subject*, Edinburgh University Press ; et Susan Sontag, « Le style "Camp" : culture et sensibilité d'aujourd'hui », in *L'œuvre parle* (trad.), Seuil.

mais en reconnaissant qu'il existe une spécificité en termes de qualités personnelles et de travail qui se combine avec des facteurs esthétiques et industriels particuliers et des significations sociales fortes pour produire le phénomène socio-esthétique de la star.

Richard Dyer, janvier 2004

PREMIÈRE PARTIE

LA STAR COMME PHÉNOMÈNE SOCIAL (Extraits)

[...]

L'IDEOLOGIE

Production et consommation ne pèsent pas du même poids dans la formation d'une star ; l'emprise des producteurs sur les marchandises est plus grande que celle des consommateurs, mais toutes deux passent par l'idéologie. Nous ne traiterons pas ici du contenu idéologique du phénomène de la star (voir 2e partie), mais de la nature de son « effet idéologique ».

Star versus personnage

Une star est comme un personnage de roman, en ce qu'elle est la représentation d'un être humain. La star entretient donc des rapports avec la réalité – effective ou supposée – des hommes et des femmes. Cependant, à la différence des personnages de roman, les stars sont des personnes réelles. C'est ce que rappellent sans cesse les écrits sur les stars : « Les gens que nous voyons dans les films se présentent à nous d'abord comme des personnes et accessoirement comme des acteurs – au mieux comme des artistes[1] ».

Parce que les stars existent dans le monde, indépendamment de leurs apparitions fictives à l'écran, il est possible de croire (avec des idées comme « le gros plan révélateur de l'âme ») qu'elles sont plus réelles que les personnages de fiction. C'est ce qui empêche de voir qu'une star est une image produite, une personnalité construite au même titre que celle d'un « personnage ». Ainsi il est

---

[1] Richard Griffith, *The Movie Stars*, Doubleday, New York, 1970

plus difficile de rejeter les valeurs incarnées par une star comme « impossibles » ou « fausses », car l'existence même de la star est garante des valeurs qu'elle incarne.

Bien sûr, cette formulation des choses est extrême, elle suppose une extraordinaire naïveté de la part du public. Je ne dis pas que le public n'a pas conscience que les stars mènent une vie différente de celle des personnages qu'elles jouent. Ce serait le signe de graves troubles mentaux que de croire que Greta Garbo est vraiment la reine Christine. Mais à l'âge classique du star system, le rôle et/ou le jeu de la star d'un film étaient considérés par les spectateurs comme révélateurs de sa vraie personnalité (laquelle était corroborée par les *fan magazines*, etc.). Ce qui était rarement perçu et presque jamais dit par les studios et leurs publications, ou par les stars elles-mêmes, c'est que cette personnalité était elle-même une construction, connue et exprimée uniquement à travers des films, des articles, des publicités, etc. On peut se demander si cette confusion entre star-comme-image et star-comme-personne fonctionne encore de nos jours.

La vie comme théâtre

Cette construction s'est sans doute appuyée sur des idées comme « le théâtre de la vie ». Dans son ouvrage sur la théâtralité, Elizabeth Burns souligne que le recours à l'analogie entre la vie et le théâtre remonte à Platon. Cependant, alors que cette analogie dérivait jadis de la conception d'« une vie dirigée par Dieu, par la Providence ou par une force spirituelle moins anthropomorphique », l'usage actuel dérive de « la conscience accrue que l'individu compose son personnage, contribue à créer des situations, dessine des décors (...), de la banale analogie du monde lui-même comme lieu où les gens, comme les acteurs, tiennent des rôles dans une intrigue dont on sent obscurément qu'elle est conçue par des “ forces sociales ” ou par les pulsions naturelles des hommes[2] ».

Cette conception s'est généralisée et on a aujourd'hui deux visions distinctes de ce que nous sommes, de notre identité. D'un côté, nous pouvons croire à « l'existence d'un moi connaissable et

---

[2] Elisabeth Burns, *Theatricality*, Longman, Londres, 1972, p. 11.

constant », théoriquement distinct des rôles sociaux que nous avons à tenir et des présentations que nous faisons aux autres de notre « personnalité ». Mais de l'autre côté, comme le souligne Burns, nous doutons de plus en plus de la validité de cette séparation – nous ne sommes peut-être *que* notre « mascarade », notre façon d'assumer les divers modes de comportement socialement définis que notre culture met à notre disposition. Ce n'est pas ici le lieu de démêler toutes les conséquences philosophiques de cette question, mais si l'on veut bien admettre qu'il existe un doute sur la réalité de la séparation entre le moi et sa présentation publique (représentation, jeu de rôles, etc.), nous pouvons entrevoir une relation avec le phénomène de la star.

Burns souligne les conventions du théâtre, où l'acteur joue, interprète son rôle et construit ainsi un personnage. L'acteur « travaille (...) sur l'articulation entre l'*authenticité* de sa propre vie, de son propre moi, de son passé tel qu'il le connaît (et tel qu'il est connu ou supposé connu du public) et *l'authentification* du personnage qu'il joue[3] ». « L'authentification » se réfère à la manière dont un acteur établit une correspondance entre l'interprétation de son personnage et les normes sociales de l'époque – la façon dont il ou elle incarne un type social.

Les stars abolissent cette distinction entre authenticité du comédien et authentification du personnage qu'il ou elle joue. Alors que dans certains cas (John Wayne, Shirley Temple), cela peut avoir pour conséquence d'enraciner les personnages dans la personnalité « réelle », « authentique », « véritable » de la star, dans d'autres cas (Bette Davis, Lana Turner) l'écart entre la personnalité et la performance, l'apparence, la *persona* construite, fera peut-être partie de l'image même de ces stars. Là où Wayne et Temple suggèrent la croyance en une identité distincte, Davis et Turner manifestent au contraire les anxiétés et les doutes qui entourent cette notion d'identité individuelle[4]. Le phénomène de la star pose l'ensemble des questions inhérentes à la métaphore banale de la vie-comme-théâtre, du jeu de rôles, etc. Les stars produisent cet effet parce que ce n'est pas tel ou tel personnage

---

[3] *Ibid.*, pp. 146-7

[4] Wayne et Davis sont analysés ci-après; pour Temple, cf. Charles Eckert, *Jump Cut 2* ; pour Turner, cf. Richard Dyer, *Movie* n° 25, pp. 35-42).

qu'elles ont construit (travail traditionnel du comédien) qui les rend intéressantes mais la construction / représentation / incarnation d'un « personnage » qui se confond avec elles-mêmes.

Un paradigme historique : des dieux aux mortels

Un troisième aspect du fonctionnement idéologique de la star apparaît à travers un paradigme historique (cf. Morin, Walker, Schickel, Griffith et d'autres) : au tout début du cinéma, les stars sont des dieux et des déesses, des héros, des modèles – elles incarnent des comportements *idéaux*. Plus tard, les stars deviendront au contraire des supports d'identification, des gens comme vous et moi – elles incarnent des comportements *typiques*.

Pour les uns, c'est l'avènement du son qui sera le tournant. Selon Walker :

> Une « perte d'illusion » est assurément l'un des premiers effets du parlant sur le public. Pour Richard Schickel, l'atout le plus précieux de l'acteur du muet était « le silence ». « Une divinité est supposée indéchiffrable. Nous ne nous attendons pas à ce qu'elle s'adresse à nous. Il suffit que son image soit présente et facile à vénérer. » Une fois des paroles sur leurs lèvres, les idoles naguère muettes vont perdre beaucoup de leur sacralité. Ce ne sont plus des images ayant forme humaine, incarnant les émotions grâce à toutes les nuances de l'art de la pantomime. Leur voix les rend aussi réelles que le public qui les regarde[5].

Pour Walker, c'est donc le son en soi qui a privé les stars de leur auréole divine, en partie à cause du naturalisme accru du cinéma parlant. Pour Edgar Morin, en revanche, le passage de la divinité à la mortalité fait partie de « l'embourgeoisement » du cinéma. Pour lui, 1930 est un tournant, mais l'avènement du parlant n'est qu'un aspect du processus. Certes, le son amène un certain réalisme (« la vérité concrète des bruits, la précision et les nuances des paroles[6] »), mais la recherche du « réalisme » se manifeste également dans l'introduction de thèmes sociaux à

---

[5] Alexander Walker, *Stardom, The Hollywood Phenomenon*, Penguin, Londres, 1974 [1970], p. 223)

[6] Edgar Morin, *Les Stars*, éditions du Seuil, 1957, p. 22.

Hollywood (les films de King Vidor, *Furie* de Fritz Lang, *L'Extravagant M. Deeds* de Franck Capra, etc.). En même temps, la Grande Crise va conduire Hollywood à adopter le « dogme » du *happy end* : « Les nouvelles structures optimistes favorisent " l'évasion " du spectateur et dans ce sens, fuient le réalisme. Mais dans un autre sens, les contenus mythiques des films sont " profanisés ", rejoignent le terre-à-terre[7] ». C'est ce qui constitue pour Morin l'embourgeoisement de l'imaginaire cinématographique. À ses débuts, le cinéma avait été un « spectacle plébéien », s'inspirant du feuilleton et du mélodrame, caractérisé par la magie, les aventures extraordinaires, les retournements de situation, la mort sacrificielle du héros, les émotions violentes, etc. « Le réalisme, le psychologisme, le *happy end,* l'humour révèlent précisément la transformation bourgeoise de cet imaginaire[8] ». Le hasard et la « possession » du héros par une force occulte sont remplacés par des motivations psychologiques. L'individualisme bourgeois ne tolère pas la mort du héros, d'où l'importance accordée au *happy end.* Les stars deviennent ainsi plus ordinaires d'aspect, leur personnalité plus « psychologiquement » crédible, leur image plus individualisée (incarnant donc moins visiblement une qualité particulière ou, comme le disait Janet Gaynor d'elle-même, une « essence[9] »). La star ne cesse pas d'être un modèle, mais elle combine « l'exceptionnel et l'ordinaire, l'idéal et le quotidien[10] ».

Selon la formulation de Morin, cette association de l'idéal et du typique est le produit d'un mélange des imaginaires prolétaire et bourgeois. (Identifier le cinéma des premiers temps à la culture et à la conscience prolétaire n'est pas sans poser des problèmes considérables – on ne peut certainement pas dire que ces films furent *issus* du prolétariat –, tout comme l'apparente valorisation chez Morin du hasard, de l'occulte et des émotions violentes

[7] *Ibid.*, p. 22.

[8] *Ibid.*, p. 23.

[9] « Nous étions des essences, voyez-vous. (...) Garbo était l'essence de la beauté tragique, (...) moi j'étais celle du premier amour. » Janet Gaynor, interview de Roy Newquist dans *Showcase.*

[10] Edgar Morin, *op. cit.*, p. 25.

simplement parce qu'ils font partie du goût « prolétarien ».) Cette association pourrait être perçue comme un aspect du processus plus large de « l'homme unidimensionnel » décrit par Marcuse[11], qui est à l'œuvre à tous les niveaux de l'art et de la culture. Ainsi, les premières stars maintinrent la distinction entre l'idéal (ce qui devrait être) et le *statu quo* (ce qui est) – elles étaient « négation ». En revanche, les stars qui les suivront vont supprimer l'écart entre idéal et *statu quo* et font partie du processus par lequel le typique, le moyen, va devenir l'idéal.

[...]

Les stars et le *statu quo*

[...]

Renforcement des valeurs menacées

Charles Eckert, dans son article sur Shirley Temple[12], développe un modèle d'analyse des effets du phénomène de la star, qui met davantage l'accent sur les spécificités de l'idéologie dominante qu'elle propage que sur sa fonction rassurante auprès du public en temps de crise. Eckert rattache Temple aux solutions politiques proposées respectivement par les Républicains et les Démocrates pour répondre à la misère née de la Crise – les premiers mettant en avant la charité individuelle (l'aumône aux pauvres) et voyant dans le programme d'assistance publique proposé par les Démocrates une atteinte aux idéaux américains d'initiative individuelle. Dès 1934 [Roosevelt n'étant président que depuis un an, NTD], selon Eckert, le gouvernement est dans une impasse – l'aide fédérale ne fonctionne pas vraiment, mais son introduction a « découragé complètement l'effort de charité privée ». C'est cette situation qui voit naître le phénomène Shirley Temple. Ses films mettent l'accent sur l'idée que l'amour

[11] Herbert Marcuse, *L'Homme unidimensionnel : essai sur l'idéologie de la société industrielle avancée*, Paris, éditions.de Minuit, 1968.

[12] Charles Eckert, « Shirley Temple and the House of Rockefeller », *Jump Cut* n° 2, 1974, pp. 17-20.

est une ouverture spontanée du cœur telle que « les réalités les plus implacables se transforment et se dissolvent », mais cet amour est moins universel que suscité par le besoin :

> Comme l'aimant trouve le Nord, Shirley se tourne vers les personnages les plus durs de ses films – le riche reclus et desséché, le mal-aimé méfiant, les figures d'autorité glacée comme les officiers ou les criminels endurcis. Et elle leur fonce dessus, pénètre en eux, les ouvre, les rend capables du don de soi. Tout ceci se retourne contre elle parfois, la mettant face au dilemme de savoir qui a *le plus grand besoin* d'elle. C'est là son *agon*, son calvaire qui la plonge par moments dans le plus grand désespoir. Cette convergence du besoin, du don et de l'évaluation du degré de besoin, renvoie évidemment au vécu de l'assistante sociale[13].

Eckert souligne aussi la nécessité de prendre en compte d'autres éléments pour comprendre pleinement le statut de Temple en tant que star, par exemple « l'atténuation de la réalité par le fantasme, les émotions exacerbées que suscitent les enfants délaissés, la philosophie sans cesse invoquée de l'effort commun pour vaincre la Crise », mais il n'en souligne pas moins que « Shirley et son trop-plein d'amour apparaissent quand l'idéologie officielle de la charité privée vient d'atteindre sa forme définitive et inflexible, et que les ressources de la charité publique s'épuisent[14] ».

Je propose de généraliser cette idée que l'image de la star exprime des contradictions idéologiques – soit à l'intérieur de l'idéologie dominante, soit entre celle-ci et d'autres idéologies minoritaires ou subversives. Ces rapports peuvent s'exprimer soit par le déplacement, soit par l'occultation de l'une des deux faces de la contradiction et la mise en avant de l'autre, soit encore par la réconciliation « magique » que la star réalise entre deux termes apparemment incompatibles. Ainsi, s'il est vrai que la société américaine a traditionnellement perçu la sexualité et en particulier celle des femmes comme un mal, comme quelque chose « d'extraordinaire », et a pourtant toujours exigé des femmes qu'elles soient à la fois sexy, pures et ordinaires, alors on peut

---

[13] *Ibid.* p. 19.

[14] *Ibid.*

comprendre l'association de la sexualité et de la pureté chez Lana Turner, ou celle de la sexualité et de l'innocence chez Marilyn Monroe, comme la synthèse magique de qualités opposées. Ceci s'opère grâce à la rencontre d'éléments spécifiques à l'image de ces deux stars, et en partie aussi, grâce à leur existence dans le monde réel en tant qu'individus. Ainsi, les dissonances suscitées par la présence dans leur image de qualités contradictoires sont effacées grâce au fait que, dans la réalité, chacune n'est qu'un seul et même individu. On voit ce processus à l'œuvre dans *Le Facteur sonne toujours deux fois*, où le personnage de Cora est totalement contradictoire parce que le scénario lui confère sans cesse des motivations « incompatibles » ; une étude de la construction du personnage de Cora ne révèle que des incohérences, et pourtant, parce que le rôle est tenu par Lana Turner, son unité s'impose[15].

Déplacement des valeurs

Jusqu'ici j'ai évoqué différentes façons dont les stars peuvent contribuer au renforcement de certains aspects de l'idéologie dominante simplement en les répétant, en les reproduisant ou en les conciliant. Mais Barry King, comme Eckert dans son article sur Shirley Temple, laisse entendre que ce renforcement s'opère moins par la réitération des valeurs dominantes que par l'occultation des contradictions et des problèmes de la société réelle[16]. King en parle en termes généraux. Ce qu'il appelle le « réalisme de studio hollywoodien » se construit autour du « caractère centrifuge du héros » qui constitue, selon lui, « un commentaire inévitablement social » – qui ne doit pourtant pas heurter le public (sinon, le film ne serait pas rentable). La star résout ce problème « parce qu'elle incorpore à son être l'opinion exprimée par le film. (...) Elle transforme la question " pourquoi les gens ont-ils ce sentiment-là ? " en " quelle impression cela fait-il d'avoir ce sentiment-là ? " » Ce qui se traduit du point de vue du producteur par : « Les stars (...) libèrent ceux qui contrôlent les médias d'avoir à débattre du fond des problèmes (au risque de les politiser), en renvoyant ces

---

[15] Cf. *Movie n° 25*, op. cit.

[16] Barry King, « The Social Significance of Sardom », manuscrit inédit, 1974.

problèmes au domaine de l'expérience personnelle et des sentiments. » Et cela fonctionne aussi pour le spectateur, en dépolitisant sa conscience par l'individualisation, en faisant apparaître comme purement personnel ce qui est en fait social :

> En incarnant et en dramatisant le flux de l'information, les stars promeuvent chez leur public des modes d'attachement dépolitisés (c'est-à-dire l'acceptation du *statu quo*). La star encourage la privatisation et la personnalisation des déterminations structurelles, inculque au public une conscience aliénée. Des individus qui perçoivent leur monde uniquement en termes d'intérêt personnel forment une masse privatisée. Leurs problèmes personnels tendent à rester personnels.

La star sert à masquer la conscience que les individus ont d'eux-mêmes comme membres de telle ou telle classe en recomposant les différences sociales dans le public « en une nouvelle polarité pour ou contre la star. (...) L'expérience collective se trouve individualisée et perd sa signification collective. » Les stars, parce que nos rapports avec elles relèvent de l'expérience et non de la connaissance, parce qu'elles sont individualisées (leur image « singulière » incarne une norme sociale de portée générale) et parce qu'elles existent dans le monde réel, servent donc à désamorcer les enjeux politiques, points de départ obligatoires mais potentiellement explosifs de tout message médiatique. King n'a pas illustré son idée par des études de cas, mais on pourrait avancer que John Wayne ou Jane Fonda, deux stars dont les affinités politiques sont connues, agissent inévitablement dans le sens d'une occultation des enjeux politiques, simplement parce qu'ils incarnent le style de vie qui va avec leurs idées politiques et que leurs idées apparaissent comme un aspect parmi d'autres de leur personnalité. Cela implique que la signification idéologique des films et des stars serait de couper les spectateurs des enjeux politiques, de les rendre passifs[17], et non pas de renforcer un point de vue politique donné. Le contenu exact des opinions politiques de Wayne et de Fonda ne serait donc pas pertinent pour discuter de leur fonction idéologique, qui est la

---

[17] Cf. Leo Lowenthal, « The Triumph of Mass Idols », in *Literature, Popular Culture and Society*, Prentice-Hall, Englewood Cliffs, 1061, pp. 109-140.

même que celle de toutes les stars.

Mais si King me semble décrire correctement une certaine tendance du phénomène de la star, je trouve difficile de tenir pour nulle et non avenue la signification idéologique spécifique de telle ou telle star. Le point de vue de King tient pour politiquement non-pertinents des éléments comme le style de vie, les sentiments et tout ce qui est « personnel ». Certes, tout le monde ne partage pas l'idée que le privé est politique. Mais pour ma part, je pense que nous sommes si profondément formatés par notre société que même ce que nous avons de plus intime contient toujours une dimension politique. Dans cette perspective, il est peut-être juste de dire que Wayne ou Fonda sont politiquement non-pertinents du point de vue de la traduction directe des enjeux politiques de la droite ou de la gauche traditionnelles ; mais en tant qu'incarnations individuelles et vivantes de ces orientations politiques, ils peuvent en exprimer les implications à travers, par exemple, une représentation des rôles sexués et de la vie quotidienne en général (voir 2e partie, sur Jane Fonda).

Dans son étude sur Shirley Temple, Eckert souligne que l'image de celle-ci « désigne et dénie » à la fois les problèmes de la société capitaliste en crise. L'argent, dans le paysage idéologique du parti républicain auquel ses films appartiennent, est un thème qui pose problème : « (...) l'argent en tant que don charitable est bienfaisant, mais sous forme d'allocation, il est nuisible. » Donc la charité et l'initiative individuelle seront mises en avant, tandis que l'argent en soi sera « ambivalent et refoulé » :

> Dans les films de Shirley Temple comme dans les biographies qui lui sont consacrées, la charité passe pour de l'amour, l'initiative pour du travail. Amour et travail sont soustraits à toute réalité sociale et psychologique. Ils n'ont aucune cause, aucun mobile. (...) Conformément à sa nature ambivalente, l'argent est assujetti à deux opérations contradictoires. Dans les films de Shirley Temple, là où sont évoquées les attitudes envers l'argent dans la vie réelle, la censure opère par dénégation. L'argent est moins que nuisible, il n'est rien. Mais dans un mouvement contraire que l'on rencontre surtout dans les biographies de Shirley, l'argent se libère et engendre un fantasme grisant qui ferait la joie de Caliban, une vision de l'or qui descend du ciel, un

> trésor surgi de la joie, des boucles et des rires d'une petite fille[18].

À beaucoup d'égards, l'analyse d'Eckert me paraît exemplaire par la manière dont elle relie l'image produite aux réalités idéologiques spécifiques de son époque. Certes, on peut comprendre le fonctionnement idéologique de beaucoup de stars sans recourir au concept de déplacement. Mais il est valable pour beaucoup d'autres, et Temple est un bon exemple de l'utilité du concept, puisqu'elle est si typiquement la star qu'on exonère de toute signification idéologique. On peut simplement regretter qu'Eckert ne l'analyse pas plus directement sous l'angle encore plus évident des conceptions idéologiques de la famille, de l'enfance et de la féminité qu'elle incarne, ainsi que sous l'angle des rapports de son personnage avec les Noirs.

Le charisme

Je conclurai cette première partie par un examen de la pertinence des théories de Weber pour éclairer le phénomène de la star, car, avec quelques adaptations, la notion de charisme (au sens weberien, non comme simple synonyme de « magie ») associe effectivement la fonction sociale à une compréhension de l'idéologie. Le souci de Weber est d'expliquer comment l'ordre politique est légitimé (par d'autres moyens que la force) ; il propose trois réponses : la tradition (faire ce que nous avons toujours fait), la bureaucratie (faire les choses conformément à des règles convenues mais modifiables, supposées rationnelles) et le charisme (faire les choses parce que le chef nous y invite). Le charisme est défini comme « une certaine qualité de la personnalité d'un individu qui le met à part des autres hommes [sic] et fait qu'il est perçu comme doté de qualités surnaturelles, surhumaines ou tout au moins exceptionnelles[19] ».

Transposer la notion de charisme de la théorie politique à la théorie du cinéma ne va pas sans difficultés. Comme Alberoni l'a souligné, le statut de la star dépend de son absence de pouvoir

[18] Charles Eckert, op. cit., p. 20

[19] Max Weber, *On Charisma and Institution Building*, University of Chicago Press, Chicago et Londres, 1968, p. 329.

politique ou institutionnel. Pourtant, il existe bel et bien une corrélation entre le charisme de l'homme ou de la femme politique et celui de la star, notamment pour comprendre comment et pourquoi une personne donnée se voit attribuer du charisme.

E. A. Shils, dans « Charisma, Order and Status » écrit :

> Le caractère charismatique d'un individu, tel qu'il est perçu par d'autres ou par lui-même, réside dans ce qui est pensé comme son rapport avec quelque qualité *absolument essentielle* (y compris sur le mode de la possession ou de l'incarnation) de l'existence humaine et du cosmos qu'il habite. La centralité jointe à l'intensité de cette qualité en fait quelque chose d'extraordinaire.

Nul besoin de notions comme « existence humaine » ou « cosmos », que leur caractère universel et éternel rend suspectes, pour accepter la validité générale de cet énoncé. D'autant plus qu'en effet, ce qui est culturellement et historiquement spécifique dans les rapports entre la personne charismatique et sa société sera souvent représenté et/ou lu comme relevant de l'universel et de l'éternel.

Dans son introduction à la traduction anglaise du texte de Weber, S. M. Eisenstadt fait franchir à l'argument de l'auteur une étape supplémentaire. À partir d'une synthèse des recherches en communication, il suggère que l'attrait charismatique est particulièrement efficace aux époques où l'incertitude, l'instabilité et l'ambiguïté planent sur l'ordre social, et quand la figure ou le groupe charismatique propose des valeurs, un ordre ou une stabilité compensatoires. Articuler en ces termes la star et la société dans sa globalité ne mène pas très loin, à moins de considérer que l'ensemble de la société occidentale a connu tout au long du vingtième siècle un état d'instabilité permanente. Il faudrait analyser les relations entre les stars et les formes particulières d'instabilité, d'ambiguïté et de contradiction dans la culture (telles qu'elles sont reconduites dans la pratique concrète de production des films et des stars).

Ce modèle met en évidence l'une des toutes premières tentatives d'analyse d'une image de star, le livre d'Alistair Cooke, *Douglas Fairbanks, the Making of a Screen Character* (1940). L'auteur rend compte du statut de star de Fairbanks à travers les correspondances entre le type d' « américanité » qu'il incarne et la situation des U.S.A. à son époque.

> À un moment difficile de l'histoire américaine, quand les États-Unis conservent une délicate neutralité dans la guerre en Europe, Douglas Fairbanks semble pouvoir tout affronter sans prétendre être autre chose qu'un « type complet, un véritable Américain » (*The American*). Les attraits de ce transfert sur le public d'une identité flatteuse n'avaient pas besoin d'être soulignés pour plaire. Le plaisir que Fairbanks offrait à son public sera résumé plus tard par un critique français : « Douglas Fairbanks est un fortifiant. Il rit et nous nous sentons soulagés. » À l'époque de ses premiers films, rien d'étonnant à ce que les titres les plus populaires fussent *His Picture in the Papers*, *Reggie Mixes In, Manhattan Madness* et *American Aristocracy.* Ces films traitent respectivement de la mode américaine de la publicité ; d'un playboy de la haute société qui ne dédaigne pas de tomber amoureux d'une danseuse de cabaret et de se battre, pour la garder, contre quelques gangsters ; d'un homme de l'Ouest horrifié par les façons efféminées de l'Est ; et d'un Sudiste issu d'une vieille famille qui s'allie par le mariage à une famille de parvenus et qui témoigne d'une saine indifférence envers tout snobisme. Voici le noyau d'un héros public suffisamment proche, par ses manières et son allure, de l'Amérique de son temps, pour que ses admirateurs en retirent le sentiment de faire virilement face à leur époque au lieu de s'en détourner comme des lâches[20].

Marilyn Monroe en fournit un autre exemple. Son image doit être resituée dans le contexte des conceptions de morale sexuelle qui caractérisent les années cinquante en Amérique : l'influence des théories freudiennes dans l'Amérique de l'après-guerre (visibles en particulier dans le mélodrame hollywoodien), le rapport Kinsey, l'ouvrage de Betty Friedan *La Femme mystifiée*, les stars rebelles comme Marlon Brando, James Dean et Elvis Presley, l'allègement de la censure cinématographique face à la concurrence de la télévision, etc... En retour, ces éléments doivent être mis en relation avec les autres niveaux de la vie sociale, comme l'état des relations sexuelles réelles, la situation économique relative des hommes et des femmes, etc. La

---

[20] Alistair Cooke, *Douglas Fairbanks, the Making of a Screen Character*, Museum of Modern Art, New York, 1940, pp. 16-17.

combinaison de la sexualité et de l'innocence dans l'image de Monroe fait partie de ce contexte, et l'on peut considérer son « charisme » comme une condensation de tous ces éléments. Elle semble véritablement incarner les tensions inhérentes à l'idéologie de l'Amérique des années cinquante (voir « Marilyn Monroe et la sexualité »).

De même que le charisme doit être resitué dans les configurations idéologiques auxquelles il appartient, de même presque toutes les théories sociologiques sur les stars méconnaissent les *spécificités* d'un autre aspect de ce phénomène, le public. Pour analyser le phénomène de la star, il est important d'étudier la façon dont ces contradictions sont vécues par les spectateurs en tant qu'individus ; J. P. Mayer, Andrew Tudor et Edgar Morin l'évoquent en passant. Tous constatent des rapports particulièrement intenses entre les stars et leurs publics de femmes et d'adolescents, à partir de données empiriques. Pour ma part, je soulignerai l'importance capitale des stars dans la culture du « ghetto » gay. Or, ces trois groupes ont en commun de subir des conflits de rôle et d'identité particulièrement intenses, et de souffrir d'être exclus (ne serait-ce que partiellement) de la culture dominante, adulte, masculine et hétérosexuelle. Si ces rapports entre les stars et leur public ne sont que l'intensification des conflits et des exclusions éprouvés par tout un chacun, il n'est pas étonnant que dans l'analyse qui suit de l'image de stars « subversives », des stars incarnant des images d'adolescent-e, de femme ou de gay occupent une place centrale.

DEUXIÈME PARTIE

LA STAR COMME IMAGE MÉDIATIQUE

Envisager la star comme phénomène social signifie que quelle que soit la place qu'on lui assigne dans la production-consommation du cinéma, cette place ne peut être pleinement comprise qu'idéologiquement. À des questions comme « pourquoi y a-t-il des stars » ou « pourquoi un-e tel-le est devenu-e star », il n'est possible de répondre vraiment qu'en termes idéologiques – ceux-là même de la dialectique consommation-production.

Avec la star, les « termes » en question sont essentiellement des images. Je n'entends pas par là uniquement des signes visuels, mais plutôt une configuration complexe de signes visuels, verbaux et sonores. Celle-ci peut constituer l'image générale du « fait d'être star » ou celle d'une star particulière. Le phénomène est d'ailleurs propre à tous les médias et pas seulement au cinéma.

Une image de star est essentiellement fonction de contradictions idéologiques, soit entre différentes idéologies, soit internes à l'une ou à l'autre, contradictions que l'image vise à « gérer » ou à résoudre. Dans des cas exceptionnels, on a pu arguer que certaines stars, loin de gérer les contradictions, les révèlent ou les assument, adoptant face à l'idéologie dominante une position idéologique « alternative » ou oppositionnelle – elle-même généralement contradictoire. Le caractère « subversif » de ces stars peut être perçu en termes d' « interventions radicales », pas nécessairement conscientes – les combats menés par Mae West, Greta Garbo ou Bette Davis (revendiquant des « rôles de femme dignes de ce nom ») semblent les désigner comme des interventionnistes. Mais la question de la subversion peut être envisagée d'une autre façon. On peut la voir comme la collision entre différents codes, peut-être tout à fait fortuite – ou bien comme la représentation explicite d'une idéologie oppositionnelle ou alternative – qui débouche sur une « subversion », ou, tout au moins, permet ou légitime une lecture « subversive ». Mon analyse de l'image de star utilise des exemples de contradictions idéologiques pour montrer à la fois comment les stars en sont le produit, et comment elles les « gèrent » ou les « subvertissent ».

1 – LA STAR COMME STAR

Examinons d'abord brièvement les caractéristiques du « fait d'être star » (*stardom*). C'est la représentation de la vie privée des stars. En général, le style de vie fournit la toile de fond de la personnalité spécifique de la star et les détails et évènements de sa vie privée. En tant qu'elle associe le spectaculaire au quotidien, l'exceptionnel à l'ordinaire, et qu'elle est perçue comme une expression des valeurs de base américaines/occidentales, il n'y a en principe aucun conflit entre ce style de vie et les particularités de telle ou telle star. Dans certains cas, cependant, le rapport entre les deux peut être ambivalent ou problématique. L'aspiration à la célébrité chez Marilyn Monroe et les malheurs qui l'ont atteinte sont partie intégrante du pathétique de son image. Au début de la carrière de Brando, le matériel promotionnel met l'accent sur son allure dans les fêtes mondaines – débraillé, mal rasé – et son comportement turbulent, signifiant un rejet du style de vie des stars. Jane Fonda a cherché à négocier politiquement son statut de star – elle a préservé un certain glamour pour garder le contact avec la culture prisée par les couches populaires, mais elle donnait une crédibilité à ses prises de position progressistes en habitant une maison ordinaire dans un quartier ouvrier.

J'ai puisé mes matériaux principalement dans trois anthologies de *fan magazines*[1] qui couvrent les années vingt à quarante et d'où émerge une image qui est essentiellement celle du Hollywood classique. Il serait sans doute utile de comparer avec les magazines actuels[2] pour voir les différences – aujourd'hui les vêtements sont moins importants que la sexualité, on s'intéresse peut-être davantage aux films en tant que tels et le « rêve » de la célébrité laisse les fans plus blasés, plus cyniques (avec bien sûr des nuances

---

[1] Richard Griffith (dir.), *The Talkies ;* Martin Levin (dir.), *Hollywood and the Great Fan Magazines* ; Barbara Gelman (dir.), *Photoplay Treasury.*

[2] *Photoplay, ABC Film Review, Modern Screen, Films and Filming*

d'une publication à l'autre).

Le « fait d'être star » en général peut être vu comme une version du Rêve américain, construite autour des thèmes de la consommation, du succès et de l'individu ordinaire, mais avec une tension sous-jacente qui fait « grincer » le rêve. À quoi s'ajoutent les constantes que sont l'amour, le mariage et le sexe.

La consommation

Le mode de vie des stars est une composante de la dimension « fabuleuse » de Hollywood. On peut aborder cette question sous différents angles.

Anatomie d'un mode de vie

Une première liste des traits récurrents de ce mode de vie inclurait les piscines, les villas, les toilettes somptueuses, les limousines, les fêtes, etc. Voyons, par exemple, les connotations associées à la haute couture. Quelles sont les significations que renferme l'image récurrente des stars féminines comme celles qui font la mode ? Si nous examinons l'article intitulé : «Voyez les dernières créations de Chanel dans le film de Gloria », le nom de Chanel crée un lien entre Gloria Swanson et la haute couture française, avec ses connotations distinguées, associées à l'élite européenne. Ce qui suppose une certaine connaissance des idiosyncrasies des grands couturiers de la part de la lectrice : « Qui d'autre que Chanel ajouterait des draperies en forme d'ailes à une robe du soir en velours noir ? » On souligne généralement aussi le coût des matériaux employés (satin, fourrure, bijoux). Les modèles eux-mêmes incarnent parfaitement la « consommation somptuaire », des mètres de tissu et d'accessoires décoratifs si encombrants qu'ils rendent pratiquement impossible toute activité physique – y compris jouer la comédie. Le tout contribuant à produire la femme comme spectacle, thème encore plus frappant dans d'autres articles, par exemple « Conseils de beauté pour l'automobiliste », ou « Comment j'ai gardé ma silhouette » (par Betty Grable) (*Photoplay Treasury* pp. 132-4 et 286-7), ou encore « Les " tuyaux " de beauté de celles qui sont belles – ces petits détails qui rendent les stars plus belles pourraient rehausser votre allure aussi[3] ». Comme ces derniers exemples le montrent, la mode et les critères de beauté (charme, glamour, sex-appeal, etc.) sont censés être partagés entre les stars et les fans. Dans ce contexte, le caractère « élitiste » ne va pas de soi, et avec les années qui passent l'idée semble s'imposer dans les *fan magazines* que Hollywood est devenu l'arbitre de la mode (c'est ce qui arrivera pendant la guerre quand l'Amérique sera coupée de la haute couture parisienne). On en trouve une trace dans l'article « Hollywood snobe Paris. La capitale du cinéma ne compte plus que sur elle-même pour créer la mode. Le styliste [Travis Banton] ne se tourne plus vers le « miteux Paris (*shabby Paris*) » (*The Talkies* pp. 192-3, 347) L'article rejette l'idée que Paris soit la capitale de la mode et laisse entendre que l'Amérique et/ou la démocratie font aussi bien l'affaire. En même temps, le « goût » est toujours invoqué comme une valeur absolue, dont on ne reconnaîtra jamais le caractère relatif ni l'origine inavouée, c'est-à-dire le goût parisien.

On pourrait examiner de même les associations et contradictions entre d'autres groupes d'images – sports, danse, architecture (les villas des stars), et ainsi de suite.

Une consommation somptuaire

Le « socialiste américain » Thorstein Veblen a placé la notion de consommation somptuaire au cœur de sa *Théorie de la classe oisive*. C'est la façon qu'ont les riches de montrer qu'ils sont riches. Le niveau de leur consommation et leur accès aux canons du goût et de la mode montrent non seulement qu'ils possèdent des richesses mais aussi qu'ils n'ont pas besoin de travailler. Les femmes sont essentielles ici : l'homme doit travailler peut-être, mais jamais son épouse. Par sa consommation, c'est elle qui affiche les signes de la richesse de l'homme. La mode a un rôle stratégique : cela signifie avoir accès aux canons du goût, s'habiller de modèles exclusifs coupés dans des tissus coûteux, qui rendent manifestement impossible tout travail, qui sont même délibérément malcommodes en ce qu'ils compriment, sculptent, déforment et contraignent le corps. De même, des activités artistiques et

---

[3] *Film Pictorial*, 30 septembre 1933.

sportives ne sont pas poursuivies pour des raisons hygiéniques ou culturelles, mais pour exhiber les loisirs et l'argent dont on dispose. Ainsi, le corps athlétique d'un homme peut être admiré, mais uniquement à condition d'être le résultat de la pratique du sport et non du travail (cf. Clark Gable).

Ces thèmes émergent très clairement d'une analyse des *fan magazines* : « Hollywood joue » par exemple, ou « Stars loin du plateau[4] », ce dernier article illustrant la façon dont la vie hors-travail d'une star est faite de sports et de hobbies. Ce qui est refoulé dans ces articles, ou à peine reconnu du bout des lèvres, c'est que faire des films est un travail, une production industrielle. Un article se permet même de plaisanter là-dessus sous le titre « *Those Awful Factories* » (L'Enfer des studios) avec des images des stars « au travail » dans leurs loges luxueuses. Même sur le lieu de travail, on ne voit pas les stars travailler à faire des films.

Des idoles de la consommation

Leo Lowenthal, dans son étude des biographies parues dans les magazines populaires, note un changement marquant entre 1901 et 1941. Au début de cette période, les sujets des biographies était des « idoles de la production » – ceux qui intéressaient le public parce qu'ils avaient accompli quelque chose dans le monde, fait leur chemin, atteint le sommet par leur travail, été utiles à la société : banquiers, politiciens, artistes, inventeurs, hommes d'affaires. À la fin de cette période, on est passé aux « idoles de la consommation ». Parmi les héros de ces magazines d'actualité, « presque tous (...) étaient directement ou indirectement liés au monde des loisirs ; aucun n'exerçait un des métiers qui servent les besoins basiques de la société (c'était par exemple des héros du divertissement et du sport) ; cela revenait plus ou moins à une caricature d'un agent socialement productif » (p. 115). Les héros contemporains « viennent majoritairement de la sphère de la consommation et des loisirs organisés » (p.121) et leur vie « privée » est aussi une vie de consommation. Ainsi « ... les producteurs et les agents de biens de consommation deviennent leurs propres clients » (ibid.).

---

[4] *The Talkies, op.cit.*, pp. 106-107, et 302-304

L'apport de Veblen est également utile dans l'analyse de l'image de star, quand il suggère la façon dont les loisirs, les vêtements, les modèles de consommation, etc. indiquent la richesse. Le modèle de Lowenthal est peut-être plus proche du sens social de toute cette consommation. En effet, pour Veblen, la consommation somptuaire désigne la classe oisive comme une classe à part, alors que, pour Lowenthal, les stars deviennent des modèles pour tout un chacun dans la société de consommation. Elles dépensent sans doute plus que l'individu moyen, mais malgré tout, elles peuvent être imitées, même à une échelle plus modeste. Les modes qu'elles imposent peuvent être suivies, leurs engouements aussi, comme les sports qu'elles pratiquent et les hobbies qu'elles choisissent. Les héros, selon Lowenthal, sont « des tas de gens qui aiment ou n'aiment pas les cocktails, les cigarettes, le jus de tomate, le golf et les mondanités… » (p. 135). Notons que beaucoup d'économistes (Galbraith, etc.) considèrent que pendant le XXe siècle, le capitalisme s'est modifié de façon décisive en passant d'une économie basée sur la production à une économie basée sur la consommation ; le « problème » du capitalisme n'est pas de produire assez pour le marché mais de vendre les produits en excès par rapport à la demande immédiate du marché[5]. Le lien avec le développement des « idoles de la consommation » est évident, les idoles exprimant sous une forme idéologique les impératifs économiques de la société – même si l'évidence du lien doit nous inciter à la prudence.

Le succès

Dans son étude *American Vaudeville as Ritual*, Albert McLean montre comment ce spectacle de variétés américain s'est construit autour du mythe du succès. Le star-système hollywoodien, avec la star comme symbole du succès, dérive de cette forme théâtrale. Globalement, le mythe du succès signifie que dans la société américaine, n'importe qui, de quelque classe qu'il vienne, peut

---

[5] Les solutions pour écouler les surplus sont l'expansion vers les marchés extérieurs et la guerre, mais aussi la stimulation de la consommation intérieure par la publicité, la différenciation des produits, etc., tout ceci conduisant au développement de la consommation, d'où l'expression « société de consommation ». Voir J. F. Galbraith, *La société de consommation.*

accéder aux richesses. C'est le Rêve américain. Comme le dit Daniel J. Boorstin :

> Et dans le floklore américain, apparut bientôt un nouveau leitmotiv : celui de la petite marchande d'orangeade découverte par hasard et qui s'élève rapidement au rang de vedette de cinéma, légende qui vient prendre place à côté de celle de l'habitant d'une hutte en rondins parvenu à la Maison Blanche. (*L'Image*, p. 233)

Le mythe du succès est fondé sur la croyance qu'aux États-Unis les barrières de classe n'existent pas. Cependant le mythe comporte des ambiguïtés, dont celle-ci : est-ce que tous peuvent réussir indépendamment de leurs talents ou de leurs efforts ? Dans le développement que lui donne le star-système, le mythe du succès chercher à concilier plusieurs éléments contradictoires : (1) que la marque de la star est d'être «ordinaire » ; (2) que le système récompense le talent et le caractère « exceptionnel » d'un individu ; (3) que la chance, le « coup de bol » qui peut sourire à tout un chacun, est un trait typique d'une carrière de star ; et (4) qu'il faut travailler dur et faire preuve d'un grand professionnalisme pour accéder au statut de star. Certaines stars ont droit aux quatre traits, pour d'autres, seuls quelques-uns sont soulignés. Mais pour le statut de star en général, les quatre passent pour acquis.

Un paradigme du mythe du succès : The Jolson Story

Le *biopic*[6] hollywoodien, par la façon dont il dessine l'ascension d'une star, illustre les fondements contradictoires du mythe du succès. Le film sur la vie d'Al Jolson (*Le Chanteur de jazz*, 1927) est paradigmatique, car il parvient à réunir les quatre éléments : (1) Jolson est un type ordinaire d'une famille juive quelconque – ni relations, ni richesses ; (2) il possède une voix d'une beauté exceptionnelle qui enchante les auditeurs (cf. dans la scène où, assistant à un spectacle de music-hall, il chante en chœur avec le public, sa voix est si belle que tous se taisent pour l'écouter) ; (3) c'est par hasard qu'il se trouve là pour remplacer au

---

[6] Genre américain qui propose une version édifiante de la vie des « grands hommes » (NDT).

pied levé un chanteur ivre et que, ce même soir où il chante, deux importants impresarios se trouvent dans la salle ; (4) Jolson est un professionnel voué à son art, cherchant sans cesse à améliorer son numéro, acceptant le défi du cinéma parlant, etc. Le refoulé du film, c'est toute la machinerie des impresarios et autres agents, producteurs, financiers – le côté affaires du show-business. On ne voit jamais Jolson intervenir dans ce domaine, il est comme porté vers la gloire par la machinerie. D'ailleurs, ce sujet est toujours évité, même dans un film qui raconte la vie d'un producteur, comme *The Great Ziegfeld.*

Le mythe du succès laisse entendre aussi que le jeu en vaut la chandelle, puisqu'il donne accès à la consommation somptuaire. Barry King[7] a suggéré que l'existence des stars signifie non seulement que le succès en vaut la peine, mais que *l'argent* en est la juste récompense, que la star est « un modèle d'ascension sociale par la voie du salariat ». C'est ce qu'elle gagne qui lui donne accès au monde où il fait bon vivre, à cette partie de « l'élite au pouvoir » que C. Wright Mills, dans son ouvrage homonyme, appelle *café society* (les habitués des boîtes chic). Et King d'en conclure que la réussite d'une star peut apparaître, « sous forme de fantasme », comme une valorisation de la condition du salarié qui vend sa force de travail, la preuve qu'il s'agit là d'un destin digne d'un être humain.

Les stars sont-elles différentes des êtres ordinaires ?

Particulièrement épineuse pour le chercheur est cette contradiction entre la star-individu-ordinaire et la star-personne-exceptionnelle. Les stars sont-elles exactement comme vous et moi, ou est-ce que le succès et la consommation font d'elles des êtres différents ?

Selon Violette Morin[8], on croit les « superstars » d'une *espèce différente* des autres gens. Et elle attribue le phénomène à ce traitement superlatif dont ces stars sont l'objet. Elles sont toujours la plus ceci-ou-cela du monde – la plus belle, la plus chère, la plus sexy. Mais parce que les stars sont assimilées à ce mode superlatif,

---

[7] Barry King, « The Social Signification of Stardom », manuscrit inédit, 1974.

[8] « Les Olympiens », *Communications* n° 2, pp. 105-121.

elles ne s'en distinguent plus, elles *deviennent* le superlatif, elles se confondent avec lui, et paraissent donc appartenir à une autre espèce d'être, à une « catégorie ontologique » différente. Et comme leur image se diffuse de plus en plus, « le plus beau » finit par devenir simplement « le plus grand ». Violette Morin prend l'exemple d'Elisabeth Taylor. D'autres stars peuvent représenter différents types de gens ordinaires, mais Taylor incarne le type « star » – la plus chère, la plus belle, et celle qui a été mariée et a divorcé le plus souvent. C'est à cause de ses amours et de ses extravagances qu'elle est intéressante, pas parce qu'elle est comme vous et moi.

Alexander Walker avait déjà fait une observation semblable, mais il ne prétendait pas que Taylor était un cas typique, et on ne sait pas jusqu'où Violette Morin étend sa catégorie d' « Olympien ». Je ne suis pas personnellement convaincu que la croyance en la différence ontologique des stars soit très répandue. Même le cas de Liz Taylor me paraît suspect, car la présentation qu'en fait Violette Morin ne prend pas en compte le fait que sa vie amoureuse peut être perçue comme symptomatique des problèmes inhérents à l'hétérosexualité monogamique, ni le caractère plébéien de son jeu dans *Cléopâtre*, ni les grands succès qu'elle a remportés dans des rôles de « garce ». Que le style de vie extravagant et le succès des stars soient perçus comme le fait de gens ordinaires est un paradoxe explicable par plusieurs facteurs :

1) On peut voir dans les stars des gens ordinaires qui ont certes un train de vie plus luxueux que les gens ordinaires, mais qui pour l'essentiel n'ont pas changé pour autant.

2) Le succès et les richesses d'une star peuvent être perçus comme servant à mettre en valeur certaines qualités humaines (celles précisément qu'elle représente en tant que star), en évitant d'en brouiller la représentation par des problèmes matériels ou autres.

(1) et (2) sont compatibles avec l'idée que les qualités humaines existent indépendamment des conditions matérielles. Les stars peuvent servir à légitimer cette idée.

3) Les stars sont censées représenter des types sociaux ; et pourtant les types qui nous paraissent caractériser notre société peuvent être singulièrement absents de notre expérience quotidienne ; la particularité des stars est donc peut-être qu'elles

seules sont ordinaires ! (C'est une autre façon de conceptualiser la notion de charisme analysée dans la première partie)

Le rêve qui a mal tourné

La consommation et le succès, accompagnés de valeurs annexes comme la démocratie, la mobilité sociale, la valeur des gens ordinaires, voilà les grands traits du statut de star. Mais on aurait tort de ne pas tenir compte des éléments qui vont à l'encontre de ceux-là. Le star-système peut aussi permettre de représenter les échecs du rêve.

Il arrive qu'on laisse entrevoir les insuffisances de la consommation et du succès. La consommation peut être perçue comme gaspillage, décadence, le succès comme sans lendemain ou psychologiquement pesant. Les magazines publient des articles comme « La Tragédie de 15 000 Figurants : Absorbés par la lutte pour une petite place au soleil du cinéma, ils doivent oublier leurs rêves de gloire » ; « Elles aussi étaient vedettes » (sur les grandes stars tombées dans l'oubli) ; « Les villas tragiques » (sur les superstitions qui entourent des demeures faisant office de « monuments à des carrières brisées ») ; « Le prix qu'ils ont payé pour la gloire : À Hollywood, la santé, les amis, la beauté et jusqu'à la vie elle-même sont sacrifiés sur l'autel de la terrible ambition[9]. » Tous ces titres datent des années trente. Les thèmes de la décadence, de la licence sexuelle et de l'extravagance absurde émergeront avec encore plus de force dans les années cinquante et soixante, non seulement dans les *fan magazines* et la presse, mais aussi dans les romans et les films sur Hollywood (cf. *La Vallée des poupées*). Et pourtant même l'article sur les « villas tragiques » a pour sous-titre « l'étrange histoire des maisons crève-cœur d'une ville crève-cœur » : tragédie et souffrances seraient endémiques à Hollywood. Ce genre d'idées et bien d'autres éléments de l'image de la star hollywoodienne se retrouvent dans cet extrait d'un roman à sensation quasi-pornographique de Bob Lucas, *Naked in Hollywood*. Carla est en route pour Hollywood, accompagnée par Herb, son agent minable :

---

[9] *Hollywood and the Great Fan Magazines*, pp. 94-96 ; *The Talkies*, pp. 136-137, 140-142 ; *Photoplay Treasury*, pp. 144-147.

> Carla ne pouvait pas se rappeler exactement à quel moment elle avait décidé qu'elle serait star. Elle imaginait qu'elle avait conçu ce rêve en grandissant. Elle ne se faisait aucune illusion sur ses possibilités de devenir une grande actrice. C'était le glamour, le merveilleux, la beauté, l'adulation des foules, tout ce qui faisait la vie des stars qui la fascinait. Elle en savait plus long sur Hollywood – le Hollywood qui l'intéressait, *elle* – que Herb ne pourrait jamais lui raconter.
>
> Les piscines en forme de cœur, les Rolls Royce, les riches propriétés, les visons et les hermines, le scotch et le champagne – tout cela elle le connaissait aussi intimement que si elle l'avait créé, ce paradis en Technicolor où vivaient les dieux et déesses de l'écran.
>
> Rita, Ava, Liz et Marilyn ; Rock, Tab, Rip et Frankie – leurs vrais noms, leurs amours brisés et leurs triomphes artistiques, et jusqu'à leurs bêtes noires et leurs plats préférés faisaient partie de son savoir hollywoodien, tiré des livres, des *fan magazines* et des chroniques des journaux. Et maintenant elle était en route pour la terre promise sans douter un seul instant que dans un avenir proche elle rejoindrait les rangs des immortels.
>
> Herb l'avait averti : Hollywood peut te briser le cœur et t'ouvrir le ventre. Carla demeura imperturbable. Pour devenir star, elle était prête à vendre son âme.

La mort de Marylin Monroe et celle de Judy Garland exprimèrent avec une intensité extraordinaire l'idée d'un Hollywood destructeur : leur vie gâchée et leur suicide supposé seront mis sur le compte de la quête du succès à tout prix. Plus récemment, Marilyn est devenue le symbole de l'exploitation des femmes comme spectacle à l'écran.

L'amour

La prédominance du thème de l'amour dans les magazines est rendue possible par le refoulement du travail sur le plateau et plus généralement par la fabrication d'un monde où tous les problèmes matériels sont réglés et où il ne reste plus que les relations personnelles. Celles-ci sont invariablement érotico-émotionnelles et hétérosexuelles – l'Amour – et ce sont, implicitement pour ces magazines, les seules susceptibles d'intéresser quiconque – par opposition aux relations de travail, de camaraderie politique ou même, étonnamment, entre parents et enfants (on parle des naissances, mais très rarement des relations entre une star et son enfant à mesure que celui-ci grandit). Mais le plus intéressant dans les *fan magazines* est que, contrairement à ce qu'affirme Edgar Morin dans *Les Stars*, l'amour n'y est pas tant objet de célébration que sujet de tourments. Morin voit l'amour comme l'essence du mythe de la star. L'amour, c'est-à-dire une intense passion hétérosexuelle, formerait pour lui la substance de tout ce qui s'écrit sur les stars : on laisserait entendre que l'amour est la seule grande affaire de leur vie. Cela se présenterait sous plusieurs formes, notamment l'obsession de la beauté corporelle et de la jeunesse (résumée par ce couple paradoxal de lieux communs, « le cœur n'a pas d'âge » parce qu'il a « toujours vingt ans », [p. 175]) et la qualité magique attribuée au baiser :

> Le baiser n'est pas seulement la technique clé du *love-making*, ni le substitut cinématographique d'un accouplement que la censure interdit : il est le symbole triomphant du rôle du visage et de l'âme dans l'amour au XXe siècle. Le baiser va de pair avec l'érotisme du visage, l'un et l'autre inconnus au stade archaïque, et encore ignorés dans certaines civilisations. Le baiser n'est pas seulement la découverte d'une nouvelle volupté tactile. Il réanime les mythes inconscients qui identifient le souffle qui sort de la bouche à l'âme ; il symbolise ainsi une communication ou une symbiose d'âme. Le baiser n'est donc pas seulement le piment qui assaisonne tout film occidental. Il est l'expression profonde d'un complexe d'amour qui érotise l'âme et mysticise le corps. (Morin, p. 134-5)

L'amour, donc, cesserait d'être une affaire de relations physiques et pratiques et deviendrait une expérience métaphysique.

Certes, cette conception de l'amour est mise en avant par les films et par les articles des magazines. Mais à l'examen de ces derniers, ce sont les *problèmes* de l'amour qui émergent avec encore plus de relief. Les titres les plus typiques sont « Histoire Secrète du Divorce de Joan (Bennett) » (pp. 30-31), « Qu'est-ce qui ne va pas chez (Carole) Lombard ? Son mariage avec Clark Gable serait-il la cause de son étrange comportement ? » (pp. 56-57, 181-182) « Tarzan veut divorcer » (pp. 106-107, 196),

« Pourquoi Bette Davis ne vit-elle plus avec son mari – après six années de bonheur conjugal ? » (pp. 114-115, 199-200, *Hollywood and the Great Fan Magazines)*. Souvent, c'est Hollywood lui-même qui est tenu pour responsable de la ronde infinie de mariages, de divorces, de querelles, etc. Sous le titre « L'amour à Hollywood : qu'est-ce qui ne va pas ? » (*Ibid*., pp. 60-2, 183-4), tel chroniqueur laisse entendre que l'amour ne saurait s'épanouir sous les feux de la publicité : « L'amour véritable se nourrit du secret » (p. 16). Commentant « Le prix élevé des amours à l'écran », tel autre écrit :

> Soyons francs : si vous aviez passé la journée dans les bras de Ronald Coleman, pourriez-vous l'oublier de sitôt ? Ou, si vous êtes un homme, après avoir étreint et embrassé Marlene Dietrich, l'oublieriez-vous ? Pourriez-vous retrouver à la maison votre gentille compagne, aimante et attentionnée et jurer que de pareilles journées ne vous ont pas marqué ?

Blâmer Hollywood évite aux commentateurs de dire que ce qu'ils ressassent à longueur de colonne, c'est en fait les problèmes posés par l'amour romantique au sein de l'institution monogamique et hétérosexuelle. Il s'agit d'étaler les douleurs romantico-conjugales, de faire porter le chapeau à Hollywood, ou alors de tirer la « leçon » de ces amours – la vertu de l'abnégation et la souffrance : « Un cœur brisé n'est pas la fin du monde » par Olivia de Havilland, (*Hollywood and the Great Fan Magazines*, p. 177). Les histoires de divorce elles-mêmes comportent une leçon sur ce que doit être un vrai mariage, les rôles respectifs de l'homme et de la femme et leurs besoins essentiels. Ainsi le mariage de Bette Davis avec Harmon Nelson se disloque parce que :

> C'est beaucoup demander à un homme d'être la moitié éternellement inférieure d'un couple marié – par le revenu et par le prestige. Un homme a beau aimer sa femme, n'est-ce pas trop lui demander que de n'être rien-qu'un-mari, que l'on confond avec rien-qu'un-gigolo, racontant qu'il vit aux crochets de son épouse et l'appelant de son nom à elle précédé de « Mister »...(*Ibid.*, p. 112)

2 – LA STAR COMME TYPE

En dépit du style de vie extravagant des stars, certains motifs comme l'ascension sociale et le roman d'amour comme mise en scène des problèmes de la monogamie conjugale, semblent indiquer que ce qui est important chez une star, c'est sa spécificité et sa représentativité. Autrement dit, les stars correspondent à des types sociaux.

La notion de type social

La notion de type social a été développée par O.E. Klapp dans *Heroes Villains and Fools*, où il le définit comme « une norme de comportement collectif correspondant à tel ou tel rôle, définie et utilisée par un groupe social : une idéalisation des façons d'être ou d'agir qu'on attend des autres (p. 11) ». Il s'agit d'une image partagée, reconnaissable, facile à saisir, des comportements sociaux, assortie d'une connotation implicite d'approbation ou de désapprobation.

À partir de là, Klapp fournit une typologie des principaux types sociaux aux États-Unis, et souvent il fournit le nom d'une vedette pour illustrer tel ou tel type. Ainsi, sous la rubrique « héros socialement acceptables », il inclut Will Rogers[10], sous celle de « snobs », Grace Kelly, Elizabeth Taylor, Ingrid Bergman, Zsa Zsa Gabor, Katherine Hepburn, Greta Garbo et Bette Davis. Une star peut figurer sous différentes rubriques, parfois contradictoires entre elles, indice aussi bien des ambiguïtés de son image que des différences entre spectateurs – Monroe sert d'exemple pour « reine de l'amour » et « idiote ». La star incarne un type et, en vertu de ses idiosyncrasies propres, *l'individualise*. (Les critiques qui adhèrent à l'individualisme comme philosophie ou comme simple principe de sens commun, tendent à appeler « transcendance » l'individualisation d'un type chez une star).

Les travaux de Klapp ne sont pas sans poser problème.

---

[10] Will Rogers (1879-1935) « prototype de l'Américain moyen, devint vite populaire dans une Amérique qui se reconnaissait en lui. On le vit dans de nombreux films en cow-boy fantaisiste. Ford en fit l'interprète d'une trilogie qui exaltait l'Amérique profonde ». (Jean Tulard, *Dictionnaire de Cinéma, Les Acteurs*, Robert Laffont, 1999)

D'abord, parce qu'il n'explore pas l'origine des types sociaux, il les voit simplement comme des « représentations collectives ». Il voit les types sociaux comme puissants et utiles par opposition aux stéréotypes qui sont faux et nuisibles parce que visant des personnes « hors de notre sphère culturelle » – et pourtant il ne s'intéresse jamais à la question de savoir qui est inclus et qui est exclu de cette « sphère culturelle ». Il n'envisage jamais la possibilité que la sphère culturelle exprimée par les types sociaux traduise en fait la domination qu'une partie de la société exerce sur l'autre. Et pourtant il est clair, d'après la propre typologie de Klapp, que si vous n'êtes pas blanc, si vous n'appartenez pas aux classes moyennes, si vous n'êtes pas hétérosexuel et si vous n'êtes pas un homme, vous n'êtes pas vraiment au diapason de la « sphère culturelle » – les femmes y trouvent difficilement leur place, quant aux Noirs et aux homosexuels, sans parler de la classe ouvrière dans son ensemble, ils n'y ont pratiquement pas de place. Et l'on se demande d'où viennent les catégories de l'auteur, comment il les a déterminées. Ses écrits ne comportent aucune discussion méthodologique.

Mais malgré tout, je crois pouvoir me servir de la typologie de Klapp comme descriptif des types sociaux les plus répandus, à condition de la situer idéologiquement (l'auteur décrit en fait le système de typage auquel adhèrent les groupes dominants) et de tenir compte des changements et des ajouts intervenus depuis la parution de son livre.

Trois des types sociaux définis par Klapp sont le « *Good Joe* » (le chic type), le « *Tough Guy* » (le dur à cuire) et la « *Pin-Up* ».

Le chic type

Klapp tient le « chic type » pour le « thème central de l'éthique américaine ». Il est « (...) aimable et facile à vivre ; il s'intègre bien au groupe et il aime les gens ; il ne se place jamais au-dessus des autres mais suit l'avis de la majorité ; il est fair-play – mais c'est aussi un vrai homme qui ne va pas se laisser intimider par quiconque quand il y va de ses droits fondamentaux. » (p. 108) Il serait caractérisé par « (...) sa répulsion pour les tyrans, les snobs, les autocrates, les prétentieux ; sa sympathie pour les opprimés et pour cet autre chic type qui roule les mécaniques peut-être mais ne voudrait jamais dominer quiconque, même pas sa femme » (*Ibid.*) ; il s'oppose aux « ringards », aux « tapettes » et aux « intellos ». Les stars citées en exemple sont Bing Crosby, Lucille Ball, Will Rogers, Pat Boone, Eddie Cantor, Bob Hope et William Holden. « La méconnaissance de la figure du chic type est, je crois, l'une des principales sources d'incompréhension de l'Amérique par des non-Américains. » (p. 109)

Klapp a raison de situer le chic type au cœur de la typologie sociale américaine, mais nous devons nous demander ce que cela cache ou refoule et à quel prix ce modèle est réalisé dans la vie. Si Klapp affirme que les femmes peuvent être des chics types, sa propre description les exclut (elles ne peuvent être de « vrais hommes », elles n'ont pas d'épouse...) ; et la masculinité implicite, allant-de-soi, de ce type social est renforcée par l'opposition à la « tapette ». De même l'opposition à « l'intello » peut également traduire (comme Klapp le laisse entendre) un rejet de toute critique des idées dominantes et du *statu quo*.

Si John Wayne est bien d'autres choses qu'un « chic type », il est utile pour l'étude de son image et de la figure du chic type d'analyser ses films pour la façon dont son allure masculine, décontractée et autonome, est affirmée : (1) par opposition à d'autres personnages (femmes, méchants, hommes « hors norme »)[11] ; (2) en dissolvant les tensions idéologiques dans l'irréfutable normalité de sa présence de chic type (cf. les films de guerre comme *Iwo Jima* ou *Les Bérets verts*). Il faut ajouter, bien entendu, que tous les rôles de Wayne ne sont sans doute pas conformes à cette analyse : quand il est utilisé à contre-emploi, quand il incarne un « méchant », joue un rôle auto-réflexif, etc. Il y a aussi des aspects de son image – sa maladresse avec les femmes, ses idées droitières – qui s'y rapportent de façon ambivalente, pouvant aussi bien nuire à l'image du chic type que lui correspondre.

Le dur à cuire

Ce type est examiné par Klapp sous la rubrique

[11] Voir les westerns de Hawks avec Wayne pour une analyse des façons qu'a un homme (ou une femme) d'être ou non dans la norme.

« détérioration du héros[12] ». On pourrait proposer comme exemple des stars de cinéma comme James Cagney, James Bond/Sean Connery ou Clint Eastwood. Ce n'est pas tant l'existence de ce type qui trouble Klapp que son ambivalence. Car certaines violences réprouvées, agressives, insensibles, brutales seraient socialement utiles et donc « c'est comme héros et non comme méchant que le dur à cuire pose problème » (p. 149). Le dur à cuire incarne en effet de nombreuses qualités qui peuvent faire de lui un héros :

> C'est un champion (il faut lui donner son dû, il massacre les autres). Et tant que ça dure, il possède l'attrait presque universel de l'invincibilité. Puisqu'en général, il se bat avec d'autres aussi durs que lui, il fait preuve d'un certain sens de l'équité (alors que nous serions prompts à nous liguer contre un dur qui abuserait de sa force). Autre source de confusion : parfois le seul qui peut le battre est un autre dur à cuire. (...) Les durs manifestent souvent leur loyauté envers quelque idéal limité comme le courage ou le code d'un gang, ce qui nous permet de les trouver sympathiques. Et enfin ils peuvent symboliser des besoins fondamentaux de l'individu en société : se prouver sa valeur à soi-même, réussir par la force du poignet. (p. 150)

Il en résulte qu'avec ce type, la frontière se brouille entre comportement positif et négatif, il enrôle l'anti-social au service du social et inversement. Dans ce cas, le type ne serait pas connoté par une approbation collective mais par la confusion et l'ambiguïté. Klapp déplore « la corruption du héros », l'effondrement des catégories morales et sociales. Je tendrais plutôt à voir le dur à cuire comme une mise en œuvre des contradictions de la masculinité, mieux camouflées dans d'autres types plus traditionnels (cow-boy, aventurier, héros de guerre), ce qui est confirmé dans une certaine mesure par l'étude que Patrick McGilligan a consacré à James Cagney (*James Cagney – The Actor as Author*). Cet auteur voit en Cagney l'incarnation à la fois des traits positifs et négatifs de la dureté masculine :

---

[12] Il entend par là la détérioration de l'idéal bourgeois : le héros n'est pas beaucoup mieux que l'homme ordinaire ; les personnalités fortes ne sont plus mises en avant ; le « brave type », si souvent valorisé, peut être une simple apparence. (cf. *Heroes, Villains and Fools*, op. cit.)

> Au pire, Cagney offre le déguisement libéral des instincts fascistes : la volonté d'être le premier, d'aller seul à la bagarre, de dominer les femmes, d'acheter cent costumes, de réussir dans la vie – c'est l'individualisme compétitif, l'éthique capitaliste. Au mieux, il représente une foi optimiste en des circonstances favorables, un espoir d'avenir, un refus courageux d'être dominé dans quelque situation que ce soit et une résistance têtue aux valeurs et aux mœurs conventionnelles, qui est proprement exemplaire. (p. 181)

L'intérêt de l'analyse de McGilligan est qu'elle va au-delà du simple constat d'ambiguïtés ou de contradictions (dont Klapp se serait contenté) pour en explorer les implications culturelles et idéologiques. Ainsi, la dureté de Cagney est associée aux notions de prolétariat et masculinité. Le caractère prolétarien de la star s'affirme à travers ses premiers rôles au cinéma, ses origines modestes (famille irlandaise de l'*East Side* new-yorkais) et même par la brève période où il soutient publiquement les campagnes de la gauche radicale. Mais comme le montre McGilligan, cette dureté prolétaire – toujours problématique pour les féministes des classes moyennes ou socialistes – sera facilement enrôlé au service d'idéologies de droite dans des films plus tardifs. En 1961, dans *One, Two, Three* (Billy Wilder, 1961) « tous les traits du Cagney jeune [seront] mis au service de sa *persona* plus âgée – patriotique, droitière, arrogante » (p. 192). Le lien entre dureté et masculinité est encore plus ambigu. Cagney était, selon McGilligan, « scandaleusement masculin dans tous ses actes ». En conséquence de quoi, il aura toujours des rapports troubles avec les femmes. À l'écran, ce n'est pas tant sa violence qui pose problème, malgré le pamplemousse qu'il envoie dans la figure de Mae Clarke dans *L'Ennemi public*, ou le fait que la seule caresse de son répertoire soit une tape délicate de son poing fermé ; c'est plutôt que « seule une femme dure à cuire elle-même peut convenir à un homme comme Cagney » (p.169). Dans sa carrière à l'écran, seules Joan Blondell et Ann Sheridan correspondent à ce profil, formant avec Cagney des couples que Molly Haskell admire[13]. Je laisse de côté pour le moment la question de savoir s'il convient d'analyser de tels cas de figure (cf. aussi la masculinisation des femmes chez

[13] « Partners in Crime and Conversion », *The Village Voice*, 7.12.72.

Hawks[14]) comme représentations de l'égalité entre les sexes, ou comme manifestations d'une incapacité à concevoir le féminin. Un lien supplémentaire entre Cagney-le-dur-à-cuire et la masculinité réside dans le rôle de la mère. Comme McGilligan le suggère, le lien étroit entre l'acteur et sa mère (à l'écran) est « important parce qu'il exonère le personnage de ses actes les plus déplaisants » ; en même temps, le dévouement quasi-fanatique de la mère et du fils l'un pour l'autre est implicitement névrotique et donc les films où ce lien est souligné – *Sinner's Holiday*, *L'Ennemi public*, ou *L'Enfer est à lui* – « loin de célébrer la famille américaine, dévoilent (involontairement, peut-être) la nature perverse de l'intimité qui la caractérise » (p. 109). McGilligan montre qu'en suivant à la trace les chaînes de sens associées aux diverses incarnations par une star de tel ou tel type social, on peut explorer quelques-unes des contradictions masquées par ce typage.

La pin-up

La typologie de Klapp est singulièrement pauvre en figures féminines. Il observe que « le monde appartient encore aux hommes lorsqu'il s'agit de distribuer des médailles », qu'il y a peu de types féminins héroïques, d'où la « perte d'identité de la femme moderne » (p. 98). (Son questionnement de ce phénomène ne va pas très loin, mais au moins il le constate à une époque où très peu d'auteurs sont capables de le faire). Mais lorsque qu'il propose un type qui est principalement féminin, il choisit une représentation essentiellement médiatique : la pin-up. Il aurait pu utiliser l'expresssion « *glamour girl* ». S'il inclut quelques hommes dans sa liste de pin-up, il met surtout l'accent sur les femmes.

> Un tel parangon de perfection corporelle n'a besoin d'être ni un bourreau des cœurs ni une célébrité sociale. Cela peut surprendre que la pin-up n'ait même pas besoin d'un visage qui sorte de l'ordinaire (on se plaint souvent de la monotonie des étalages de chair fraîche américaine et des beautés hollywoodiennes). Leur façon de s'habiller, de se maquiller et de se coiffer parvient même à accentuer leurs ressemblances entre elles. (p. 39)

---

[14] Cf. Dolores Burdock, « Danger de mort : la femme hawksienne comme agent de destruction », in Noël Burch (dir.), *Revoir Hollywood*, pp. 87-96.

Avec des « héroïnes » de ce genre, a-t-on encore besoin de « méchants » ou « d'idiots » ? En tant que modèle social, la pin-up fait la promotion du paraître et de la dépersonnalisation et ramène la femme à un rôle de spectacle et d'objet sexuel.

La *photo de pin-up* joue un rôle important dans la construction de l'image d'une star, mais il ne faut pas la confondre avec la pin-up comme type social. Toutes les vedettes que nous examinons ici, les hommes comme les femmes, se sont fait faire des photos de pin-up, mais seules Monroe et Fonda étaient des pin-up. Elle se sont prêtées, pour leurs photos, aux conventions décrites par Thomas B. Hess dans un article intitulé « Pin-up and Icon » :

> Dès les années quarante, la photo de pin-up sera définie avec une rigueur canonique. D'abord, il y a la « *pin-up girl* » elle-même. Il fallait qu'elle soit du type « *cheer-leader* [15] » américaine, rutilante de santé – un petit nez, de grands yeux, de longues jambes, des hanches larges et des seins avantageux, et surtout ce grand sourire accueillant qui révèle des dents bien blanches, parfaitement alignées. Ensuite, il y a la tenue et la pose : elles doivent séduire, mais innocemment, exprimer la tendresse et non la passion, montrer par suggestion ce qui doit rester caché. Les jambes sont disposées sciemment pour montrer le moins possible l'intérieur de la cuisse ; le nombril est couvert, tout comme les seins, sauf quelques millimètres du fameux décolleté. Le corps est visible sous le vêtement, mais pas les détails – les renflements des mamelons et du mont de Vénus sont scrupuleusement camouflés. Une pression dialectique est à l'œuvre, celle d'un public qui veut en voir toujours plus, et celle du même public qui, dans sa fonction sociale, soutient les codes et les lois qui interdisent de telles révélations. Prise entre ces deux forces, l'image tend vers une rigidité quasi-byzantine et acquiert ainsi un peu du pouvoir symbolique de l'icône. Une pin-up est une Vierge en majesté : une image immédiatement lisible, réconfortante et familière en même temps qu'idéale et hors d'atteinte. (p. 227)

Selon Hess, la charge érotique de l'image passe pour l'essentiel

[15] On l'appelle aussi « *pom pom girl* ». Elle est chargée de mener la troupe de supporters féminines dans les matchs que dispute l'équipe masculine de leur université. (NDT)

à travers divers symboles, conséquence d'une censure puritaine qui interdit la représentation directe de la sexualité. Une relecture à la lumière de l'article de Laura Mulvey « Plaisir visuel et cinéma narratif[16] » mettrait plutôt l'accent sur la pin-up comme incarnation du danger de la castration aux yeux du spectateur mâle (pour qui toutes les femmes incarnent ce danger) ; pour l'exorciser, un phallus de remplacement est fourni sous forme de fétiches. Réticent à l'idée que tout fétichisme s'explique comme substitut phallique, je ne suis pas sûr d'adhérer à cette interprétation. Une imagerie sexuelle peut être fétichiste simplement dans le sens où elle accentue le caractère érotico-sensuel des surfaces (la fourrure, le cuir, le satin, etc. étant comme une seconde peau) ; en même temps, elle relie la femme à d'autres images de pouvoir et de richesse (par exemple. les fourrures en tant que produits de luxe ou tout ce qui est lié à l'art, à la haute couture, aux loisirs, etc.). L'image peut donc être soit un symbole de richesse que le spectateur possèderait de façon fantasmatique, soit un objet que la richesse permettrait d'acquérir[17].

Au cinéma, le typage en pin-up de Monroe et Fonda peut s'analyser en termes purement visuels : dans quelle mesure leurs images restent enfermées dans les conventions décrites par Hess, comment les associations sensuelles et sociales évoquées ci-dessus sont développées... Mulvey indique une autre voie à explorer en laissant entendre que les conséquences esthétiques de la mise en spectacle de la femme, dans des films centrés sur une belle star féminine, sont une certaine tension entre le récit (nous voulons savoir ce qui va se passer ensuite) et le spectacle (nous voulons nous arrêter pour regarder la femme – le « spectateur » de Mulvey est masculin et hétérosexuel).

Types alternatifs ou subversifs

La plupart des types examinés par Klapp, et d'ailleurs la plupart des stars qu'il étudie comme telles, sont perçus comme

---

[16] Voir *CinémAction* n° 67, 1993, pour une traduction partielle de cet article, publié en 1975 dans la revue britannique *Screen.*

[17] Soit, pour le fétichiste masochiste, le pouvoir de la femme idéale, inaccessible, etc. qu'il ne peut ni acheter ni posséder. (NDT)

représentant les valeurs dominantes de la société américaine, affirmant ces valeurs à travers les « héros » qu'elles incarnent (notamment en tant qu'elles conviennent aux femmes ou aux hommes), dénigrant les autres par le biais des « méchants » et des « idiots ». Mais, selon Klapp, il peut aussi y avoir d'autres types qui expriment l'hostilité envers les valeurs dominantes ou leur rejet. Ils sont enracinés eux aussi dans une vision normative du monde dans la mesure où c'est leur opposition à celle-ci qui les définit.

Klapp les appelle des « types anomiques » l'exemple basique est le héros « *beat*[18] », face aux « ringards » méchants et idiots. La notion d'anomie vient du sociologue Durkheim. À la différence de l'aliénation, avec laquelle on la confond souvent, l'anomie n'est pas la conséquence des rapports de domination entre groupes sociaux (classes, sexes, races, minorités). Grossièrement, on peut dire que sont considérés comme « anomiques » ceux qui ne se sentent pas au diapason des normes en vigueur et/ou en perçoivent l'inanité, alors qu'est aliéné/e celui ou celle qui n'appartient pas aux groupes dont les objectifs et les valeurs sont dominants. On se sent anomique parce qu'on est en rupture avec la société, on se sent aliéné parce qu'on n'appartient pas aux groupes dominants. D'un point de vue matérialiste, donc, l'idée de Klapp de « types anomiques » pose problème, précisément parce qu'elle est basée sur la notion d'anomie et donc réductible à une sorte d'angoisse inéluctable, quasi métaphysique, qui ne conteste en rien les rapports de domination sociale. Et pourtant, l'idée de types alternatifs ou antagonistes par rapport aux types porteurs des valeurs dominantes vaut la peine d'être explorée. Nous aurons à décider si ces types sont aliénés ou anomiques, tels que nous venons de définir ces termes, et à nous demander s'ils incarnent réellement une contestation du *statu quo* et des idéologies dominantes, ou simplement des échappatoires momentanés.

---

[18] Abréviation pour beatnik : « personne en révolte contre le conformisme bourgeois et la société de consommation, qui vit d'expédients, sans domicile fixe » (Petit Robert). (NDT)

Le rebelle

Dans ce contexte, le type le plus familier est le « rebelle ». Dans un article intitulé « The Rebel Hero », Sheila Whitaker analyse ce type et dresse une liste qui comprend les noms de John Garfield, Montgomery Clift, Marlon Brando, James Dean, Albert Finney, Paul Newman, Steve McQueen et Jane Fonda. Elle souligne les contenus différents de ces rébellions – celle de l'immigré pauvre (Garfield), celle contre sa classe (Clift) ou contre ses aînés (Brando, Dean), il y a celle de l'anti-héros (Newman, McQueen, Finney) et celle qui est politiquement motivée (Fonda). Mais pour ces stars-là, il s'agit de se demander dans quelle mesure elles incarnent réellement des points de vue antagonistes (et dans quels termes).

La question peut s'énoncer en deux points :

a) Leur image est-elle informée par l'anomie ou par l'aliénation ? (En employant ces termes, je ne suppose aucune intention savante chez les stars ou chez ceux qui font leur image ; mais les abstractions sociologiques peuvent être comprises comme l'expression théorique de croyances très répandues, dans la mesure où le sens commun et les pratiques politiques génèrent des constructions sociologiques qui en retour permettent de les voir avec plus de clarté.) Est-elle fondée sur des catégories objectives ou sur une angoisse métaphysique ? « Immigré pauvre » ou « adolescent » sont des catégories objectives, de même que l'on peut considérer Albert Finney et Jane Fonda comme incarnant respectivement la situation des ouvriers sous le capitalisme et des femmes sous le patriarcat. Mais, outre que beaucoup de rebelles figurant sur la liste de Whitaker sont loin de correspondre à ce type de profil, il n'est pas certain que leur rébellion soit formulée en des termes correspondant à cette situation objective. Les films de Garfield traitent-ils de l'oppression des immigrés pauvres ? Finney, dans *Samedi soir, dimanche matin* (Karel Reisz,1960), n'est-il pas plutôt en rébellion contre sa propre classe ouvrière que contre la bourgeoisie qui l'opprime ? En revanche, Brando, Dean et Fonda traduisent explicitement la situation des jeunes et des femmes et peuvent dans cette mesure-là être considérés comme des rebelles « aliénés ».

b) Est-ce que l'expression de la rébellion chez ces stars vise à communiquer cet état d'esprit au spectateur, ou au contraire à le « récupérer ». Évidemment, nous ne savons pas vraiment si Garfield et les autres ont insufflé aux spectateurs de l'époque un esprit de rébellion ou non. Nous pouvons analyser la façon dont l'image proposée privilégie la légitimité de la rébellion ou au contraire son insuffisance. Dans l'ensemble, je pencherais pour la seconde hypothèse, en raison à la fois des traits propres au type incarné par ses stars et du type de récits où leurs personnages évoluent. La plupart de ces héros sont anomiques et non pas aliénés, au sens marxiste. Garfield, Finney, Fonda ne se rebellent pas en tant qu'enfant d'immigré, ouvrier ou femme, mais parce qu'ils sont mal l'aise en tant qu'individu, même avec les autres immigrés, ouvriers ou femmes. Deuxièmement, l'accent mis sur la jeunesse de ce type de personnage suppose l'idée de « phase passagère », la rébellion serait « inévitable », « naturelle » (idée souvent appuyée par des allusions confuses au complexe d'Œdipe). Il est toujours commode de projeter les révoltes sur les jeunes qui vont devenir grands et « matures » : ainsi la révolte de Garfield, de Finney ou de Fonda peut être perçue comme symptôme de jeunesse et rien de plus. Ce travail de déplacement renvoie à l'analyse de *Resistance through Rituals*[19] qui montre que le caractère de classe des mouvements de jeunes des années cinquante et soixante a été systématiquement refoulé par les médias. Troisièmement, ce type a très peu de rapport avec les structures sociales. L'appartenance de classe n'est pertinente que dans le cas de Finney. La plupart des héros sont « virils » au sens traditionnel du terme (trait souvent accentué par l'association avec certains genres, comme le western ou le film d'action), mais je pense comme Jack Babuscio que les stars homosexuelles qu'étaient Montgomery Clift et James Dean ont contribué à la mise sur orbite hollywoodienne d'un type d'homme anti-macho[20]. Quatrièmement, l'un des traits qui définit ce type est l'inaptitude à la parole (un symptôme d'anomie) qui empêche le héros d'analyser sa propre situation. (Fonda, bien entendu, fait exception pour ces deux derniers points, et j'ai peut-être tort de suivre Whitaker en la plaçant aux côtés de Garfield et les autres. Il se peut que le rebelle hollywoodien se définisse par

[19] Tony Jefferson *et al.* (eds.), *Resistance through Rituals.*

[20] Jack Babuscio, « Screen Gays », in *Gays News* n° 79 (Dean) et 104 (Clift).

une inaptitude à la parole spécifiquement masculine et que Fonda relève tout à fait d'un autre type). C'est le *récit* des films qui tend à récupérer la rébellion qu'ils incarnent au lieu de la promouvoir, notamment en psychologisant la révolte du héros, en en faisant le problème d'un individu : la faute réside généralement en lui ou en elle plutôt que dans la société qui l'entoure (cf. *L'Équipée sauvage* ou *Klute*). Quand on laisse entendre que le problème est extérieur au héros, il est souvent lié à la non-observance par d'autres des normes traditionnelles. Les deux films de James Dean « sur la jeunesse », *La Fureur de vivre* et *À l'Est d'Eden*, semblent indiquer que les problèmes du personnage ne sont pas que personnels : ils proviennent aussi de sa situation dans la famille. Mais loin de dénoncer l'institution familiale, les films mettent en accusation les parents pour n'avoir pas su tenir les rôles que cette institution leur assigne. Dans *La Fureur de vivre*, le père est trop faible et dans *À l'Est d'Eden*, c'est la mère qui est trop charismatique (elle est absente de la maison, mais le héros la découvre au cours du récit et elle se révèle une forte personnalité). Autrement dit, la rébellion contre la famille est récupérée comme une opposition du héros à sa famille défaillante plutôt qu'à la famille comme institution.

La femme indépendante

La récupération presque systématique du type du rebelle est peut-être due au fait que le personnage est trop ouvertement opposé aux valeurs de la société. Un exemple plus subtil est le type (ou les types) de femme indépendante incarné par Katharine Hepburn, Barbara Stanwyck, Rosalind Russell et d'autres dans les années trente et quarante. Ces stars offrent-elle une alternative ou une opposition plus radicale aux valeurs dominantes ?

Molly Haskell sur la superfemale *et la* superwoman

Dans *La Femme à l'écran*, Molly Haskell distingue entre la *superfemale* et la *superwoman* (la même star peut tenir l'un et l'autre rôle à différentes étapes de sa carrière).

> La *superfemale* – une femme qui, bien qu'excessivement féminine et coquette, est trop ambitieuse et intelligente pour le rôle docile que la société lui attribue. (...) Elle demeure au sein de la

> société traditionnelle, mais n'ayant aucun projet valable pour son énergie créatrice, la détourne sur le seul terrain disponible – ceux qui l'entourent – avec des résultats démoniaques. (p. 161)

Ici le grand exemple, c'est Bette Davis dans *L'Emprise, L'Insoumise, La Vipère, L'Intruse, Victoire sur la nuit, Femme aimée est toujours jolie* et *La Garce*.

> La *superwoman* – une femme qui comme la *superfemale*, possède une intelligence ou une imagination supérieure, mais qui, au lieu d'exploiter sa féminité, adopte des caractéristiques mâles en vue de profiter des prérogatives masculines ou simplement de survivre. (p. 161)

Ici, les exemples-types sont Joan Crawford (dans *Mildred Pierce* ou *Johnny Guitar*) et Katherine Hepburn.

C'est une distinction intéressante, mais qui aurait besoin d'être développée pour être directement applicable. Est-ce uniquement une question de différence entre les rôles dans et hors de la sphère domestique ? Y a-t-il des structures narratives propres à chaque type ? Quel est le rapport entre l'image globale de la star et le personnage spécifiquement construit par tel ou tel film ? Ces types sont-ils portés par les traits du visage, par l'habillement et les gestes, par le style de jeu ? Ce sont de vraies questions, et non une attaque perfide contre l'hypothèse de Haskell. Y répondre contribuerait à une clarification de cette distinction et de son fonctionnement.

Il y a un deuxième niveau de problèmes à propos de cette distinction : est-ce que la *superfemale* ou la *superwoman* subvertissent effectivement les types féminins les plus courants ? Les actions de la *superfemale* s'avèrent presque toujours démoniaques et il est difficile de la différencier des autres types de femmes « fortes », « magnétiques » comme la garce (Davis), la femme fatale et l'intellectuelle/aristocrate (Hepburn), tout ceci visant à discréditer la force et l'intelligence des femmes. Au mieux, la *superfemale* semble traduire les dégâts provoqués par l'enfermement dans un univers avilissant ou restrictif d'une personne dotée d'un grand potentiel.

La *superwoman*, en revanche, soulève des questions plus complexes. Que se passe-t-il exactement quand un personnage féminin « adopte des caractéristiques masculines » ? Il y a peut-être deux façons de le comprendre.

D'une part, on peut considérer que les traits de la personnalité ne sont pas spécifiques à l'un ou l'autre sexe (que l'agressivité n'est pas plus innée chez l'homme que la douceur chez la femme), mais que, pour des raisons historico-culturelles, certains traits sont associés à l'un des sexes, d'autres à l'autre ; et qu'en conséquence, les individus masculins et féminins adoptent volontiers certains traits qui les confortent dans leur identité d'homme ou de femme. Ce qui veut dire que toute tentative de modifier cet état de choses, de traverser les frontières entre les sexes, d'emprunter des traits associés au sexe opposé, est affaire de négociation ; il s'agit de mettre au point des moyens de se libérer des contraintes imposées par les rôles sociaux de sexe, mais sans détruire son identité propre. C'est ce type de construction que Haskell semble admirer particulièrement chez Katherine Hepburn. Dans ses rapports avec Spencer Tracy (dans leurs films),

> Spencer Tracy peut être humilié et pourtant retrouver son aplomb sans (trop) d'atteinte à sa dignité ; Hepburn peut de temps en temps en référer à lui et pourtant ne pas perdre son identité. C'est finalement la grandeur de Hepburn en *superwoman* d'être capable de réaliser ses entreprises dans un univers d'hommes, de faire preuve d'intelligence, de l'utiliser de façon explicite et pourtant d'accepter de « s'affaiblir », telle Millamant dans *The Way of the World*, « dans le mariage » . Mais cela n'a lieu qu'après qu'un accord équitable a été établi à des conditions mutuellement acceptées. (p. 172)

Claire Johnston a fait remarquer qu'en mettant l'accent sur la « réconciliation entre hommes et femmes, (...) la flexibilité des rôles, "l'amour" et la camaraderie », Haskell passe sous silence « la question de la famille nucléaire, au cœur de la critique féministe de la culture patriarcale[21] » et laisse entendre que la solution des problèmes dépend de la bonne volonté de chacun, au lieu d'analyser les obstacles, liés aux rôles sexués, qui s'opposent à leur entente. Mais il est vrai qu'un modèle de conduite des relations entre les sexes (idéal pragmatique et non plus romantique)

---

[21] *Screen*, vol. 16, n° 3, p. 121.

pourrait servir d'expression « utopique » (nous indiquant où nous voulons aller plutôt que comment y parvenir) ; l'adoption négociée de « traits masculins » pourrait être alors considérée comme un énoncé subversif ou alternatif. Mais la manière dont Haskell développe cette idée pose problème. D'abord, on a l'impression que c'est toujours aux femmes de prendre toutes les initiatives et de consentir la plupart des sacrifices ; il faudrait analyser un film avec Hepburn et Tracy pour voir jusqu'à quel point Tracy est prêt à « adopter des traits féminins ». Ensuite le livre de Haskell révèle une tendance à l'homophobie, car elle laisse entendre qu'une relation idéale entre un homme et une femme est également la relation idéale tout court – autrement dit elle est « héterosexiste ».

D'autre part, certaines théorisations féministes affirment que sous le patriarcat, « le féminin » n'existe pas, que seul existe le « non-masculin »[22]. C'est dire que le cinéma est incapable de concevoir le féminin en tant quel, de sorte que la seule façon pour une femme d'être acceptée comme une personne (et non comme un objet sexuel dégradé et toujours menaçant), c'est de devenir un « non-homme », un être asexué. Bien que Haskell ne se réfère pas à ce cadre conceptuel, certaines de ses descriptions des stars *superwomen* semblent l'accréditer. Ainsi, la relation entre Joan Blondell et James Cagney dans *Blonde Crazy* (1931) serait fondée sur « (...) la reconnaissance tacite qu'une femme peut être aussi "gentleman" ou "mufle" que l'est un homme et peut rivaliser avec lui en astuce et en courage et peut-être même le surpasser » (p. 101).Et de citer un échange très révélateur d'un film avec Rosalind Russell, *Mon secrétaire travaille la nuit* (1942), où son patron, joué par Robert Benchley, se plaint de ce que ses concurrents – tous des hommes – ne comprennent pas sa super-secrétaire :

> – « Ils sont incapables de faire la différence entre une femme et... »
> – « Et quoi ? », demande Russell.
> – « Je ne sais pas », répond Benchley, « il n'y a pas de nom pour ce que vous êtes.»

---

[22] L'ouvrage de référence sur l'idée que « la culture est masculine », est *Le Deuxième Sexe* de Simone de Beauvoir (Gallimard, 1949).

Ces femmes hawksiennes que Haskell admirent tant sont admises dans le groupe des hommes dès qu'elles cessent d'être féminines – Jean Arthur, dans *Seuls les anges ont des ailes* (1939) en offre un exemple saisissant[23]. Pour moi, ces films sont pris dans une contradiction entre le mépris des traits féminins et l'obligation d'avoir dans le film des personnages féminins. Le problème est résolu par un personnage de femme qui devient (presque) un homme. L'opinion que nous avons de cette démarche dépendra de notre vision politique et notamment de notre mépris pour les traits féminins ou de notre conviction au contraire que ceux-ci, même s'ils sont, non pas des faits biologiques, mais le produit d'une oppression, constituent des vertus et des valeurs qui fondent le pouvoir du mouvement des femmes.

La femme indépendante dans le récit

« L'indépendance » des stars citées ici s'exprime aussi bien dans les personnages qu'elles jouent que dans ce qu'on écrit sur elles dans les *fan magazines* (cf. le combat de Davis pour rompre le contrat qui la liait à la Warner, les antécédents intellectuels de Hepburn, la lutte de Crawford pour échapper à la misère de son enfance). Le récit des films où elles apparaissent, tend-il à légitimer cette image ou au contraire à l'émousser?

La fin du film comporte habituellement une « reculade » de la part de la star. Selon Elizabeth Dalton, examinant les films Warner sur des femmes qui travaillent : « Une femme peut-être pleine de ressources, intelligente, même cynique, pendant cinquante-neuf minutes à l'écran, mais dans les deux dernières, elle doit comprendre que l'amour et le mariage étaient ce qu'elle voulait vraiment. » (« Women at Work : Warners in the Thirties », p. 17)

Le dénouement peut également punir ou humilier la star – non seulement de la main d'un ou plusieurs personnages masculins, mais par le travail du film lui-même. Dans *La Dame de vendredi*, quand Rosalind Russell coince le shérif qui veut échapper à ses questions, elle est filmée sous un angle qui lui confère une apparence plus comique que débrouillarde. *Mildred Pierce* fait

[23] Cf. Dolores Burdock, op. cit.

porter à Mildred/Crawford la responsabilité de la mort de sa fille cadette : bien que cela se passe pendant que le père en a la garde, le film s'arrange pour incriminer l'indépendance de Mildred/Crawford. La règle connaît quelques exceptions, mais en général le récit ne semble pas légitimer l'indépendance de la femme.

Mais Haskell soutient que dans un sens ces fins ne comptent pas. Ce dont nous nous souvenons, c'est de cette indépendance et non de la « reculade » ou l'humiliation finale :

> Nous voyons la June Bride jouée par Bette Davis (dans le film homonyme, NDT) abandonner son indépendance devant l'autel, l'actrice interprétée par Margaret Sullavan dans *The Moon's Our Home* se soumettre à la camisole de force que lui fait revêtir Henri Fonda et dont le symbole la subjugue ; l'Alice Adams de Katherine Hepburn (idem) réaliser ses plus grandes ambitions dans les bras de Fred Mac Murray ; Rosalind Russel, assistante de publicité dans *Mon secrétaire travaille la nuit*, trouver le bonheur dans les mêmes bras ; Joan Crawford, directrice d'une usine de camions dans *Embrassons la mariée*, faiblir à la vue d'un leader syndicaliste joué par Melvin Douglas. Et pourtant, nous nous rappelons Bette Davis non comme la mariée rougissante mais comme la journaliste agressive et un peu garce, Margaret Sullavan conduisant Henri Fonda à une chasse à l'oie sauvage à travers les forêts du Vermont, Katherine Hepburn secrétaire gravissant les escaliers de l'indépendance, Rosalind Russel faisant de l'œil à Mac Murray pour devenir sa secrétaire et Joan Crawford montrant autant d'hésitation que la Statue de la Liberté. (pp. 3-4)

Bien entendu, nous ne pouvons pas savoir ce dont le spectateur en général – « nous » – se souvient, mais je crois que, compte tenu de l'importance qui leur est accordée dans le film, et de la manière dont la mise en scène et le jeu des acteurs les mettent en évidence, les traits d'indépendance sont effectivement plus forts, ont plus de relief que les dérobades finales. Deux remarques viennent étayer cette affirmation :

1 – à la différence de ce qui se passe pour les figures d'hommes rebelles, les récits – des films comme des magazines – ne cherchent pas sans cesse à mettre la volonté d'indépendance des stars féminines sur le compte de leurs insuffisances psychologiques ou de leur entourage immédiat.

2 – comme nous avons affaire à des stars et pas simplement à des personnages de fiction, les détails particuliers de l'intrigue importent peut-être moins que la « personnalité » que le film révèle dans son ensemble : plus que les circonstances spécifiques des rôles particuliers, le « phénomène star » privilégie le tempérament supposé de la personne réelle.

Dans *Vénus à la chaîne*, Marjorie Rosen défend l'idée que dans les films qui mettent en scène une femme indépendante, l'indépendance et l'intelligence de l'héroïne sont toujours au service des hommes. Ce sont toujours eux qui définissent les buts sociaux et les normes ; c'est pour se faire épouser ou aimer d'un homme que la star agit :

> Il est regrettable qu'Hollywood n'ait pu concevoir une femme intelligente et perspicace que si elle démêlait une affaire compliquée, embrouillée par son amant ou son patron, décrochait une « exclusivité » pour en remontrer à un homme, ou s'organisait une vie de malhonnêteté et d'escroquerie. (p.140-141)

Mais est-ce toujours le cas ? Dans beaucoup de films, l'indépendance de la star *met en péril* sa relation avec l'homme qu'elle aime. Il est vrai que le schéma indiqué par Rosen peut également se vérifier, quand la volonté d'indépendance de la femme échoue à la conduire à l'autonomie. *Une femme cherche son destin* (1942) montre Bette Davis se libérant du rôle de vieille fille mal fagotée qui lui a été imposée par sa mère, mais c'est un homme (Claude Rains en psychiatre) qui lui « donne » les « moyens » de se libérer, et un autre homme (Paul Henreid) qui lui fournit un but dans la vie – sa fillette à élever. Ce sont des éléments déterminants, mais ils ne subvertissent pas complètement les aspects progressistes du film. C'est simplement une des contradictions du film, et je pense que cet aspect, quand il est présent, fonctionne comme une contradiction plutôt que comme une dénégation de « l'indépendance » de la femme.

Des femmes extraordinaires

Comme Molly Haskell l'a souligné elle-même, les stars qui jouent les rôles de femmes indépendantes, les Dietrich, Hepburn,

Rosalind Russell et autres Bette Davis, sont fortement associées à l'élite riche et cultivée ou, comme dans le cas de Dietrich, à des connotations exotiques, qui font d'elles « des exceptions à la règle, les aristocrates de leur sexe » (Haskell, p. 130). Selon Haskell, ceci « affaiblit leur valeur politique ». Je n'en suis pas si sûr. Toutes les stars sont exceptionnelles d'une façon ou de l'autre, de même qu'elles sont toutes ordinaires. Les stars qui correspondent au type de la fille-toute-simple, comme June Allyson, Doris Day ou Betty Grable, ne sont pas moins caractéristiques du phénomène de la star que les types extraordinaires comme Hepburn et les autres. Rappelons aussi que d'autres stars féminines indépendantes – Barbara Stanwyck, Ann Sheridan, Claire Trevor – ne sont associées ni à la richesse ni à l'éducation.

Ambiguïté sexuelle et jeu de rôles

Beaucoup de stars dans la catégorie « femme indépendante » apparaissent comme sexuellement ambiguës. Soit par leur allure physique – les épaules larges de Joan Crawford et Greta Garbo, la grande taille de Katherine Hepburn, le visage « dur » de Barbara Stanwyck, la démarche volontaire de Bette Davis – laquelle, dans le cas de Crawford, pouvait être magnifiée par sa façon de s'habiller. Cette ambiguïté peut également intervenir comme un jeu vestimentaire dans des scènes de travestissement :

> Dietrich en cravate et en habit blanc, Garbo reine Christine lesbienne (bien qu'une « romance » lui serve de couverture), Eleanor Powell en chapeau haut de forme et en habit pour ses numéros de claquettes, et Katherine Hepburn dans le rôle d'une Sylvia Scarlett qui ressemble à Peter Pan ; toutes introduisent des notes provocantes d'ambiguïté sexuelle qui enrichissent constamment leurs identités cinématographiques. (Haskell, p. 102)

On peut voir là une nouvelle illustration de l'incapacité du cinéma hollywoodien à aborder le féminin, d'où une tendance à transformer les femmes splendides en hommes. De récentes recherches en cinéma menées à la lumière de l'expérience homosexuelle esquissent une tout autre lecture. Janet Meyers et Caroline Sheldon estiment toutes deux que ces stars sont des expressions obliques de lesbianisme :

> L'impression qu'elles produisaient d'être insondables pour les personnages masculins du film, d'être hautaines, passionnées et directes, ne pouvait tromper personne. Elles sont toutes fortes, résistantes mais profondément tendres. Bref, même si on ne leur permet jamais d'y faire seulement allusion, ce sont des lesbiennes. (Janet Meyers, « Dyke goes to the Movies », p. 37)

Quant à Sheldon, elle affirme dans *Gays and Film*, que si nous comprenons le lesbianisme non seulement en termes de sexualité mais d'« identification féminine », alors ces stars sont des lesbiennes. Ce sont des femmes « qui se définissent selon leurs propres normes, (...) jouant des rôles où elles sont relativement indépendantes des obligations domestiques et des hommes ». Meyers et Sheldon travaillent dans un cadre politique – le féminisme séparatiste – qui est inacceptable pour beaucoup de gens (y compris pour beaucoup de féministes), mais leur point de vue est un correctif utile aux présupposés hétérosexuels de Haskell. Toutes deux prennent en compte que le lesbianisme (au sens sexuel) peut être exploité au cinéma pour exciter les hommes hétérosexuels, mais le sentiment d'une hautaine altérité et le rejet de la sphère domestique, associés parfois à des rapports ouvertement érotiques avec d'autres femmes, peuvent être vus comme une subversion du plaisir masculin.

Jack Babuscio et moi-même avons proposé une autre approche, où les travestissements et les jeux sur les rôles sexués peuvent être vus comme un moyen de mettre en évidence le fait que les rôles sexués ne sont *que* des rôles et nullement des traits innés ou instinctifs. Cela fait partie du phénomène *camp* au cinéma :

> Le *camp*[24], en focalisant sur les aspects extérieurs d'un rôle, suggère que les rôles et notamment les rôles de sexe, sont superficiels – une question de style. (...) Qualifier une star de « *camp* », ce n'est pas se moquer d'elle. (...) C'est plutôt une façon de se moquer de toute la cosmologie de rôles et d'identifications sexués restrictifs dont se sert notre société pour opprimer les femmes et aliéner les hommes – y compris ceux de l'écran. (Jack Babuscio, *Gays and Film*, pp. 44-46)

---

[24] Sur cette notion, voir Susan Sontag,, « Le style "Camp" : culture et sensibilité d'aujourd'hui », in *L'œuvre parle*, Seuil, 1968.

A cet égard donc, la star correspondant au type de la femme indépendante rend explicite cette métaphore de la vie-comme-théâtre qui sous-tend le phénomène de la star. Cela est particulièrement visible chez Bette Davis. Elle est l'une des incarnations les plus « maniérées » de la femme indépendante, et même de n'importe quel type, et par là même elle met en évidence le caractère socialement construit des codes de comportement. Chez la plupart des stars, leur comportement particulier est perçu comme l'émanation spontanée de leur personnalité ; on a du mal à envisager Davis ainsi puisque son comportement est si manifestement « joué ». Dans certains de ses films – *L'Insoumise*, *La Vipère*, *Victoire sur la nuit*, *Une femme cherche son destin*, *Ève* – ce sentiment de l'artificialité de sa performance concorde avec l'idée d'une assignation à un rôle social lié au sexe et/ou à la classe.

3 – LA STAR COMME IMAGE SPECIFIQUE

Si les stars incarnent des types sociaux, une image de star est toujours plus complexe et plus spécifique qu'un type. Un type est pour ainsi dire le terrain sur lequel est bâtie l'image d'une star. Cette image se réfracte à travers tout un éventail de textes médiatiques. Examinons-en d'abord les différentes catégories avant de voir, avec un exemple plus développé, comment ces textes construisent une image de star spécifique.

Une image de star est faite de textes promotionnels, publicitaires, filmiques et exégétiques ou critiques.

Promotion

Ce sont des textes produits délibérément en vue de la création/fabrication d'une image particulière pour telle ou telle vedette. Cela comprend (1) le matériel concernant directement la star en question – annonces de studio, communiqués de presse (y compris des résumés biographiques), publications des fan clubs (lesquels sont largement contrôlés par les studios), photos de pin-up, photos de mode, publicités où la star cautionne un produit, apparitions en public (par exemple lors d'une première filmée par les actualités et rapportée par la presse écrite) ; (2) le matériel de promotion pour la sortie d'un film dont la star est la vedette – affiches, publicités dans les magazines, bandes annonces, etc. Thomas B. Harris propose une analyse assez détaillée de tout cela dans *The Building of Popular Images*.

Les textes promotionnels sont sans doute ceux qui contribuent le plus directement à la construction de l'image de star, c'est-à-dire les plus calculés, les plus explicites, les plus intentionnels et les plus conscients (mais sans jamais l'être absolument...). Les promoteurs peuvent se tromper. Une campagne de promotion peut très bien passer à côté des caractéristiques d'une comédienne qui feront d'elle une star par la suite : par exemple, au début de leur carrière, Davis et Monroe seront lancées comme des pin-up parmi d'autres. Mais c'est plutôt l'exception, et dans tous les cas, la promotion d'une star fournit des indices sur la façon dont le studio (ou le département chargé de la promotion), les agents et la star elle-même conçoivent son image.

Dans certains cas, la promotion d'un film peut être délibérément trompeuse quant au contenu du film lui-même, dans l'intérêt de l'image d'une star : par exemple, les efforts de Marlon Brando pour échapper à l'image « Stanley Kowalski » qui lui collait à la peau après *Un Tramway nommé Désir* (1951), en jouant Marc Antoine dans *Jules César* (1953) et Napoléon dans *Désirée* (1954), n'empêcheront pas la promotion de ces rôles par les studios en termes « kowalskiens » (cf. Hollis Alpert, *The Dreams and the Dreamers*, « Marlon Brando and the Ghost of Stanley Kowalski »).

Publicité rédactionnelle

Elle se distingue théoriquement de la promotion dans la mesure où elle n'est pas, ou n'apparaît pas comme, la fabrication *intentionnelle* d'une image. C'est « ce que la presse arrive à savoir », ce que « la star laisse échapper au cours d'une interview » et qui se retrouve dans les journaux et les magazines (et pas seulement dans les périodiques spécialisés), des entretiens à la radio ou à la télévision, et sous la plume des échotiers. Dans la pratique, ce domaine est aussi, dans une large mesure, contrôlé par les studios ou par les agents de la star, mais sans que cela y paraisse, et dans certains cas (par exemple, l'enfant « illégitime » d'Ingrid Bergman et Roberto Rossellini), cela ne l'était pas du tout. Les seuls cas où l'on peut être à peu près certain qu'il s'agit d'informations d'origine journalistique, ce sont les grands scandales : le procès pour viol de Fatty Arbuckle, l'enfant d'Ingrid Bergman, l'arrestation pour usage de drogue de Robert Mitchum, les crises d'alcoolisme de Judy Garland, le mariage de Debbie Reynolds et Eddie Fischer « brisé » par Elizabeth Taylor, l'assassinat par sa fille du gigolo de Lana Turner. Les scandales peuvent nuire à une carrière (pour Arbuckle définitivement, pour Ingrid Bergman temporairement) ou au contraire être une source de renouveau (pour Turner, Mitchum, Taylor). Un journaliste anonyme cité par Hollis Alpert suggère un lien entre scandale, succès et glamour :

> Les stars perdent leur glamour. Il est presque impossible aujourd'hui d'obtenir qu'un échotier écrive sur Burt Lancaster. Il est trop sérieux. Le public préfère les stars un peu folles. Voyez ce qu'une partie de fumette a fait pour Bob Mitchum ! Ou un divorce orageux pour les cachets de Deborah Kerr ! Qui voudrait créer un fan club pour un homme d'affaires rangé ? (*The Dreams and the Dreamers*, p. 39)

L'importance de cette publicité-là est qu'en offrant une image qui échappe (ou semble échapper) à l'image que Hollywood cherche à promouvoir, elle paraît plus « authentique », d'où souvent la croyance qu'elle offre un accès privilégié à la personnalité réelle de la star. C'est également là qu'on peut percevoir des tensions entre la star-comme-individu et son image, des tensions qui, à un autre niveau, deviendront une dimension essentielle de son image : par exemple, les efforts de Marilyn Monroe pour être considérée comme autre chose qu'un objet sexuel et une ravissante idiote ; la « solitude » choisie par Robert Redford pour fuir l'attention qu'on porte aux stars.

Les films

Bien entendu, les films occupent une place à part dans la construction de l'image d'une star. Après tout, les stars de cinéma le sont d'abord à cause de leurs films. Mais la star est aussi un phénomène lié à l'industrie du cinéma qui rentabilise ses stars par d'autres moyens que les films : contrats publicitaires, *fan business*, prestations publiques, et donc un phénomène social. Pour certaines stars, les films sont moins importants que d'autres aspects de leur carrière. Brigitte Bardot en est un bon exemple, ou Zsa Zsa Gabor, célèbre pour ces nombreux et riches amants et dont seuls quelques cinéphiles se rappellent les films. La mort prématurée de Montgomery Clift, de James Dean, de Marilyn Monroe et de Judy Garland, comme la retraite de Garbo à 36 ans, sont peut-être aussi significatives que les films qu'ils et elles ont faits, et les films plus tardifs de Lana Turner sont en général des illustrations de sa vie. Peut-être que Betty Grable et Rita Hayworth sont avant tout des pin-up, comme Bing Crosby et Frank Sinatra sont avant tout des vedettes musicales. Si en général les films sont les textes les plus importants, il faut analyser l'image de la star comme un tout, et non pas seulement son image dans les films.

Dans cette perspective, la notion de « film-véhicule » est essentielle. Les films sont souvent construits autour de l'image d'une star. Un scénario peut être écrit délibérément pour faire jouer une star, ou les droits d'un roman achetés à l'intention d'une star. Parfois des modifications de l'histoire interviennent pour préserver l'image de la star. C'est le sens du terme *star vehicle* dans le vocabulaire des studios.

Le film-véhicule prévoit soit un type de personnage correspondant à la star : par exemple Monroe dans un rôle de « blonde idiote » ou Garbo dans un rôle romantico-mélancolique, soit une situation ou un genre : Garbo dans une histoire d'amours illicites, Wayne dans un western. Comme l'observe Colin McArthur à propos des acteurs devenus stars de films de gangster, ils « semblent rassembler en eux toutes les qualités du genre (...) de sorte que la violence, les souffrances et l'angoisse contenues dans les films sont reprises en écho sur leur visage, par leur présence physique, par leurs gestes et leurs paroles. » (*Underworld U.S.A.*, p. 24). Le film-véhicule peut être aussi une occasion pour la star de faire son « numéro » : c'est le cas surtout pour les stars de comédies musicales : par exemple, un solo nostalgique pour Judy Garland, une longue séquence de danse pour Gene Kelly ; mais ce peut être également l'occasion d'exhiber le corps de Monroe et sa démarche chaloupée. Il est important d'étudier les films-véhicules autant pour les conventions qu'ils utilisent que pour la façon dont ils les développent. À certains égards, une série de films-véhicules est assimilable à un genre comme le western, la comédie musicale ou le film de gangster. Comme dans le cas des genres proprement dits, on peut déceler, à travers les récurrences observées dans les films-véhicules d'une star, des constantes dans l'iconographie (vêtements, maquillage, coiffure, comportement, cadre de vie), dans le style visuel (le type d'éclairage, de photographie, de cadrage) et dans la structure (son rôle dans le récit, sa fonction au sein du schéma symbolique du film). Tous les films d'une star ne sont pas nécessairement des films-véhicules, mais examiner ses films par rapport aux films-véhicules permet de mettre en évidence tout ce qui « dépasse », tout ce qui constitue des inflexions, des exceptions, des subversions du schéma dominant de l'image de la star[25].

Critiques et commentaires

Il s'agit de toutes les appréciations ou interprétations écrites sur la star, aussi bien pendant sa carrière qu'après (livres ou articles écrits après sa retraite ou sa mort, comme les notices nécrologiques). Elles peuvent paraître dans des notices critiques, dans des livres sur le cinéma et, pour tout dire, dans n'importe quel type d'écrit traitant, fictivement ou non, de la société contemporaine. A quoi doivent s'ajouter les portraits de la star à la radio, au cinéma, puis à la télévision. Ceux-ci paraissent toujours après la promotion initiale et les premiers films de la star, même s'ils peuvent peser à leur tour sur la promotion et les productions à venir : par exemple, l'accueil critique enthousiaste de la prestation de Bette Davis dans *L'Emprise* (1934) va légitimer sa revendication de rôles de femme forte ; la « découverte » de Monroe par les intellectuels va infléchir de manière perceptible ses derniers films. Il ne faut pas confondre les critiques et commentaires contemporains de sa carrière et qui l'ont influencée, avec ceux qui ont été élaborés depuis que la star a cessé toute activité. Ces derniers peuvent proposer une interprétation de la star à l'opposé de l'image qu'elle avait à son époque : par exemple, le

[25] Cf. Buscombe, Nichols, Neale.

culte pour Bogart et Monroe aujourd'hui – lui incarne aujourd'hui la sagesse de l'expérience, et elle une conscience tragique.

Critiques et commentaires occupent une place étrange dans l'image de la star. Eux aussi sont le produit des médias, ils font partie de la machine cinématographique, et pourtant on préfère souvent les ranger du côté de la réception – des consommateurs de textes médiatiques –, plutôt que de l'industrie qui produit ces *textes médiatiques* que sont les films. On pense souvent que critiques et commentateurs expriment la réponse du public à une star, alors qu'ils construisent cette réponse. Certes, il peut arriver qu'ils relaient effectivement des sentiments préexistants et largement partagés sur une star. Mais plus fréquemment, ils contribuent eux-mêmes à formater « l'opinion publique » sur une star – le rapport entre ce que les médias appellent « l'opinion publique » et les opinions effectives du public reste problématique. Pourtant, critiques et commentateurs n'opèrent pas dans le même espace que ceux qui construisent l'image de la star par la promotion et les films. Cet écart entre les deux est bien réel ; il explique à la fois le caractère complexe, contradictoire et « polysémique » d'une image de star, et la capacité des critiques à provoquer un changement de cap dans leur carrière, comme dans les cas déjà mentionnés de Davis et de Monroe.

UNE IMAGE SPECIFIQUE : JANE FONDA

Avant d'examiner la façon dont tous ces textes médiatiques convergent pour constituer une image de star particulière, il faut nous demander quelle est la nature exacte de cette convergence.

On a tort de penser que les textes s'ajoutent simplement les uns aux autres et que c'est leur somme qui constitue une image de star, ou qu'ils renvoient à des moments différents dans la carrière d'une star, les uns chassant les autres – même si ces deux aspects ont leur importance. L'image est *une totalité complexe*, dotée d'une *dimension chronologique*. Pour comprendre cette totalité dans sa temporalité, nous avons besoin du concept de *polysémie structurée*.

Par *polysémie* nous entendons les significations et les effets, multiples mais en nombre fini, produits par une image de star. En examinant l'image de Jane Fonda, je ne chercherai pas à établir ce que celle-ci pouvait signifier pour « le spectateur moyen » à telle ou telle étape de sa carrière, mais plutôt quel éventail de lectures de cette image était proposé aux différents spectateurs. J'examinerai son image dans la multiplicité de ses significations. Non que celles-ci soient en nombre infini. Les possibilités sont limitées, en partie par les textes mis à la disposition du public.

Cette polysémie est *structurée*. Dans certains cas, les divers éléments signifiants peuvent se *renforcer* les uns les autres. L'image de John Wayne se compose de son imposant physique, de son association avec l'Ouest américain, du soutien qu'il apporte à la droite conservatrice, et de son indépendance masculine vis à vis des femmes (qu'il ne respecte pas moins) ; tous ces éléments vont dans le même sens, ils légitiment une certaine façon d'être un homme dans la société américaine. Dans d'autres cas, les éléments peuvent être, dans une certaine mesure *opposés* entre eux ou *contradictoires*, et l'image de la star est alors caractérisée comme une tentative de négocier, concilier ou masquer les différences entre ces composantes, ou de les maintenir simplement en équilibre instable. Dans certains cas extrêmes, ces contradictions peuvent menacer de faire éclater cette image, comme par exemple dans la dernière phase de la carrière de Marilyn Monroe.

Les images de star sont également dotées d'une *dimension temporelle*. Dire de cette polysémie qu'elle est structurée ne signifie pas qu'elle soit figée : les images s'enrichissent ou se modifient avec le temps. Dans le cas de Fonda, il s'agit surtout de modifications, mais pour d'autres, comme Marlene Dietrich, par exemple, on peut parler de continuité. L'image d'elle cristallisée par les films de Josef von Sternberg (1930-1935) restera la note dominante de toute sa carrière. Les tentatives de briser son image en la faisant jouer dans des westerns (*Femme ou démon*, 1939 ; *L'Ange des maudits*, 1952) et d'autres films-véhicules encore plus « américains » ne réussiront qu'à renforcer son image d'un Autre féminin, séduisant et exotique. L'âge, loin d'affadir cette image, va y contribuer aussi, en partie parce qu'elle est restée belle et en partie à cause de la manière dont sa présentation au cinéma, sur scène, par les disques et les photos joue là-dessus : elle est « l'éternel féminin » dont la longue carrière ajoute encore à cette promesse d'éternité. Des photos « glamour » de 1930 et de 1961 illustrent cette continuité, par la manière très particulière dont elle émerge d'un fond flou ou noir qui ne la situe nulle part sur la terre mais plutôt dans quelque royaume « autre » de l'existence, et par l'accent mis sur des yeux presque orientaux qui fixent l'objectif.

Le photo-montage de la couverture de l'édition de poche (1975) du livre de James Brough, *The Fabulous Fondas*, apparaît comme emblématique de la plupart des tensions à l'œuvre dans l'image de Jane. Elle y est située entre son frère et son père. Henry est en cow-boy, l'image de Peter vient d'*Easy Rider* ; Jane est donc située entre les valeurs traditionnelles associées à l'image de son père et les valeurs « alternatives » associées à celle de son frère dès les années 60. Cela ne correspond pas tout à fait à l'image de Jane Fonda dans ses relations familiales, où l'accent a toujours été mis sur le rapport au père. Mais par rapport à l'image personnelle de Jane, cette représentation de son frère peut être rapportée aux idées de gauche qui seront les siennes après sa rupture avec Vadim (et avec son image d'objet sexuel) et son retour aux Etats-Unis à la fin des années soixante. Les deux hommes sont présentés par les photogrammes d'un film, alors que le corps nu de la femme semble sortir du cadre pour être placée devant les photos des deux hommes. Et en effet, la vie privée de Jane a joué un rôle aussi important dans son image que les films qu'elle a tournés, alors que les images du père et du frère sont surtout le fait de leurs films. Enfin, Jane pose nue, en pin-up, alors que Henry et Peter sont habillés comme pour leurs rôles, et on ne voit d'eux que la tête et les épaules. Son image à elle est donc définie d'abord par sa sexualité alors que cette dimension n'est pas reconnue comme importante dans la carrière des deux hommes. Cette couverture évoque trois aspects importants de l'image de Jane Fonda : son rapport à son père, sa sexualité et ses idées de gauche. Pour l'analyse de son image de star, j'en ajouterai un quatrième, son jeu de comédienne.

D'ores et déjà on voit que l'image de Fonda s'articule autour d'éléments mal assortis. L'image de certaines stars condense ce genre d'éléments contradictoires pour les unifier ou les exposer au grand jour. Dans le cas de Fonda, il ne s'agit pas tant de condenser ces éléments que de les négocier, d'osciller de l'un à l'autre selon une stratégie qu'on peut interpréter comme une tentative de dépasser ces contradictions. Au début de sa carrière, surtout, les commentateurs se demandent sans cesse où elle va. Par exemple, Stanley Kauffman, dans une notice de *The New Republic* consacrée aux *Chemins de la vengeance* (1964), son cinquième film, note qu'elle possède un talent et une personnalité « considérables », mais « qu'on peut encore se demander – jusqu'ici, en tout cas – ce qu'il adviendra d'elle » (p. 198[26]). Ce n'est qu'à partir de son association avec Vadim (1965-69) qu'une image un peu plus claire émerge, mais il faudra attendre *Klute* (1971) pour que les différents éléments convergent dans une tension dynamique. C'est l'histoire de ces allers-retours et finalement le dépassement de ces différents éléments, au lieu de leur simple combinaison, qui caractérise l'évolution de l'image de Fonda jusqu'à la fin des années soixante-dix, quand une résolution stable semble atteinte.

Le père

Tout au long de sa carrière, on a parlé de Jane Fonda à travers son père. David Shipman commence ainsi les pages qu'il lui a consacrées dans *The Great Stars* : « Jane est la fille de Henry... » (p. 159). Lors de la sortie de son premier film, *La Tête à l'envers* (1960), Ellen Fitzpatrick écrit dans *Films in Review :* « Ce film ne fait l'objet d'une notice dans ces pages que parce qu'il marque les débuts au cinéma de la fille de Henry Fonda, Jane. » (p. 177) et *Time* dira d'elle qu'elle incarne « la génération suivante des Fonda, avec le sourire de son père et les jambes d'une *girl* » (*Ibid.*). Ce n'est qu'à partir de *On achève bien les chevaux* (1969) que ce thème commence à s'estomper : il est toujours question du père mais on ne la définit plus à travers lui.

Une importante partie des écrits sur Jane Fonda et son père s'attache à déceler des ressemblances physiques. John Springer prétend qu'elle a les yeux « bleu électrique » et le sourire « bref et gêné » de son père (*The Fondas*, p. 47), alors que *Life* fait remarquer qu'« en héritage [Henry Fonda lui a donné] son nez retroussé, ses yeux bleus, son sourire inattendu – et son talent » (p. 36). Jean-Luc Godard et Jean-Pierre Gorin vont encore plus loin dans leur film *Letter to Jane*, affirmant retrouver sur son visage

---

[26] Toutes les notices citées sont tirées de *The Fondas* de John Springer, sauf indication contraire.

l'expression de son père, dont elle se servirait en particulier pour exprimer des enjeux politiques. Il est difficile de confirmer l'exactitude de ces observations sans élaborer une taxinomie sémiotique des traits faciaux. Mais l'important est l'affirmation répétée de cette similarité, l'idée qu'on peut voir Henry Fonda dans Jane, croyance répandue à laquelle il est difficile de résister : elle a gardé le nom de son père et de toute façon, tout le monde sait qu'elle est sa fille.

Certains de ses traits comportent des connotations censées s'être transmises d'Henry à Jane, en particulier « l'américanité » et les convictions « libérales[27] ». La première connotation est clairement indiquée dans un article/entretien de Ronald D. Katz « Jane Fonda – a Hard Act to Follow » (*Rolling Stone,* 9 mars 1978) : « Elle a grandi avec pour père un homme qui incarnait aux yeux d'une nation entière toutes ces qualités si américaines, si *middle-class* et si vertueuses (fierté, honnêteté, ténacité, sublimation complète des émotions, parmi beaucoup d'autres)… »

Ce côté « 100 % américain » est présent dans les films de son père – en particulier dans ses westerns, genre à l'américanité indélébile, et dans ses rôles de Président (*Vers sa destinée*, 1939, *Le Jour le plus long*, 1962, *Point Limite,* 1964), de candidat à la Présidence (*Que le meilleur l'emporte*, 1964) ou de Secrétaire d'État potentiel (*Tempête à Washington*, 1962) – aussi bien que dans ses origines, selon la presse : « C'est comme si les valeurs et les attitudes de l'Amérique provinciale étaient imprimées dans sa chair et ses os. » (Brough, pp. 6-7) ; « La vie chez elle était aussi conventionnelle qu'une couverture de Norman Rockwell pour l'ancien *Saturday Evening Post* ». Ce côté « 100 % américain » est censé se refléter dans la ressemblance physique entre Jane Fonda et son père, (dans *Rolling Stone*, Katz ira jusqu'à écrire qu'elle possède « une voix 100 % américaine »), et dans d'autres aspects de sa carrière et de son image. Elle a grandi dans une ferme, avec toute les connotations « pionnières » que cela comporte, loin de la séduction de Hollywood. Elle a fait ses études à Vassar, l'une des universités réservées aux femmes les plus huppées que comptait alors l'Amérique, et son premier rôle (dans *La Tête à l'envers*) est celui d'une étudiante *cheerleader* aux matches de basket. Sa tenue

---

[27] Au sens américain de « progressiste ». (NDT)

dans ce film fait d'elle l'icône suprême de la normalité américaine, une majorette. Cette américanité indélébile aura un rôle important dans la suite de sa carrière, quand ses films français lestes et ses prises de position politiques radicales sembleront tout sauf « 100 % américains ». Pourtant, toutes les notices américaines ou presque consacrées à *Barbarella* (1968) insistent sur la « normalité », « la bonne santé » du jeu de Jane dans ce film « pervers », et Pauline Kael évoque dans *The New Yorker* cette « jeune fille américaine victorieuse du monde lubrique d'une bande dessinée futuriste » (p. 252). Sur le plan politique, les commentateurs ont vu dans son américanité, soit un gage de son intégrité (« il était évident qu'elle n'était pas à la recherche d'une publicité insolite, mais au contraire elle laissait parler son cœur et son âme pour mettre fin à cette guerre au Vietnam », David Carlson, *Hollywood Screen Parade*, août 1972, p. 64), soit un nouvel exemple de la pusillanimité du libéralisme américain (cf. l'analyse de Godard-Gorin ci-dessous).

Les positions de Jane Fonda ne sont pas pour autant en rupture avec l'héritage paternel, car le père eut aussi la réputation d'être un homme de gauche. Identifié au personnage de Tom Joad dans *Les Raisins de la colère* (1940), il sera toujours proche des démocrates (en particulier de Kennedy) et résolument anti-maccarthiste. Il n'a jamais contesté le système comme sa fille le fera, et Jane soulignera dans ses interviews cette différence entre eux, mais à ce niveau aussi une impression de continuité prévaudra.

Jusqu'ici, nous avons envisagé le rapport père-fille sous l'angle de « l'héritage » physique, culturel et politique. Et c'est ainsi que publicité et promotion, critiques et commentateurs ont formulé la chose. Mais comme je l'ai suggéré plus haut, l'idée que Jane Fonda a eu à négocier cet héritage est tout aussi importante pour son image. La grande question – que les journalistes lui posent sans cesse – : « que pense votre père de tout ça ? » – et la remarque attribuée à Henry à « l'époque Vadim » : « Ma fille ? Je n'ai pas de fille » (cité sans source par Brough, p. 182) – sera resservie par la presse pendant des années. Elle-même reviendra régulièrement dans les entretiens (du moins tels qu'ils sont parus), sur un autre aspect de la vie de son père – ses quatre mariages. En fait, ses observations reviennent simplement à dire que cette expérience l'a rendue quelque peu « cynique » (*Sunday Express*, 22 mars 1964) au sujet du mariage. Mais, au même titre que la psychanalyse qu'elle a suivie pendant quelques années, ses remarques seront prises pour un indice des relations difficiles entre elle et son père. Un article de Mike Tomkies sur Vadim illustre ce glissement : « Très nerveuse, elle a connu une enfance peu conventionnelle. Son père s'est marié quatre fois... » (*Showtime*, mars 1967, p. 19). Et de souligner le seul vrai traumatisme de sa vie, survenu dans sa douzième année : le suicide de sa mère. Pourtant, si cet événement est mentionné dans la plupart des notices biographiques, c'est la figure du père qui est mise en avant. En partie à cause de sa célébrité mais aussi en raison d'une vieille idée américaine, qui accorde beaucoup plus d'importance au rapport père-fille qu'au rapport avec la mère et qui sera confortée au vingtième siècle par la vulgarisation de Freud Outre-Atlantique. C'est là une perception très sélective de Freud, qui souligne au contraire que c'est la mère qui est le premier objet d'amour des enfants des deux sexes, d'où le penchant bisexuel plus net constaté chez les femmes. Tout ceci disparaît dans la lecture dominante, hétérosexuelle et normative, de Freud. Comme nous le verrons, les rapports entre l'image de Jane Fonda et les notions de « lesbienne » et de « garçon manqué » sont à la fois complexes et essentiels.

L'accent mis sur les aspects « psychologiquement » difficiles de la relation de Jane Fonda avec son père, conduit également à insister sur le caractère paternel des hommes qui ont jalonné sa vie. Les difficultés supposées avec son père biologique sont censées avoir conditionné toutes ces relations avec les hommes. Ann Leslie, dans *The Daily Express* du 26 janvier 1969, laisse entendre qu'avec l'entrée de Vadim dans sa vie, Fonda a été complètement transformée par l'influence de ce « Svengali[28] » – souvent évoqué dans ce contexte. Il en découle logiquement que tous les autres aspects de son existence dépendent de ce rapport père-fille : en 1974, *The Sunday Telegraph* (31 mars) cite l'un des biographes de la star, Thomas Kiernan, selon qui « le principal moteur de changement dans sa vie, ce sont les hommes ». Et l'article réduit

---

[28] D'après le roman anglais *Trilby*, de George Du Maurier (1894), qui raconte comment un musicien âgé et raté, Svengali, prend sous son pouvoir grâce à l'hypnose, Trilby, une jeune fille pauvre, qu'il transforme en une cantatrice à la carrière brillante, grâce à qui il peut vivre désormais dans le luxe. Le succès du roman, premier « best-seller » britannique, a consacré l'usage du nom Svengali, dans un sens proche de notre « Pygmalion ». (NDT)

ensuite toutes ses opinions à un rapport où elle capitule devant les opinions d'un homme – Vadim, Huey Newton (dirigeant des Panthères noires), Fred Gardner « un marxiste », et son second mari, le sénateur progressiste, Tom Hayden[29].

On voit là que la tendance existe de ramener sa personnalité et ses opinions à son père, à travers des notions génétiques et/ou psychanalytiques. Mais ce n'est qu'une tendance. Elle n'est pas reprise par les films et, au cours de la deuxième partie des années soixante-dix, ceux-ci (notamment *Julia*, *Le Retour* et *Le Syndrome chinois*) seront lus comme des affirmations d'autonomie. Ce qui signifie que d'autres aspects de sa carrière – sa sexualité, son travail de comédienne, ses activités politiques – ne sont plus *réduits* à une reproduction du père ou à une révolte contre lui. Mais on peut arguer que cette nouvelle image, tout en coupant les liens avec le père biologique et d'autres figures de père, consolidera en revanche les *valeurs* du père.

Le sexe

Il a, dès le départ, été question du sex-appeal de Jane Fonda. La référence au père s'accompagne toujours d'un rappel des attraits physiques de la fille. La phrase de *Time* citée, « le sourire de son père, les jambes d'une *girl* », est explicite à cet égard et rares sont les notices ou publicités à ne faire aucune allusion à son physique. Dans la promotion de ses films, c'est presque toujours ainsi qu'elle est « vendue ». Donald Zec, par exemple, conclut un récit relativement sympathique de son évolution politique, intitulé comme il se doit : « Jane : la belle batailleuse qui prêche la révolution ! », par ces mots : « Hollywood, à la recherche de sa colonne vertébrale, aurait intérêt à étudier la philosophie de Jane Fonda. Étudier son anatomie ne serait pas déplaisant non plus. » (*Daily Mirror*, 6 avril 1970) ; un reportage du *Sunday Times Colour Magazine* consacré au tournage de *Julia* se concentre sur « Fonda à quarante ans », avec photos de bon goût, célébrant la préservation de sa beauté.

La « beauté » est un terme assez fréquent dans les textes qui lui

[29] Sur le plan personnel, tout au moins, la série se confirmera avec le troisième mari, Ted Turner, magnat des médias non-conformiste. (NDT)

sont consacrés, mais il est loin d'être prédominant. Si l'on met à part les discussions entre critiques sur le point de savoir si elle est vraiment belle ou seulement quelconque mais séduisante, on est frappé de découvrir à quel point la construction de son sex-appeal fut simpliste. Elle a souvent été photographiée de manière à vulgariser son corps au lieu de l'embellir. Ses fesses, en particulier, étaient mises en évidence – au début de *La Rue chaude* (1962) ; ou dans un gros plan de son derrière balancé par le mouvement du cheval, suivi d'un gros plan du regard lubrique de Lee Marvin dans *Cat Ballou* ; ou sur l'affiche américaine de *La Ronde* de Vadim (1965), qu'elle désavoua. Il n'est pas étonnant qu'à l'époque du tournage de *On achève bien les chevaux*, Pauline Kael ait pu écrire dans *The New Yorker* que Fonda était une « jolie anatomie ». Les rôles en rajouteront parfois dans ce simplisme vulgaire – vagabonde-prostituée dans *La Rue chaude*, séductrice de maris dans *Les Chemins de la vengeance* (1963), « petite traînée blanche » (*Time ;* p. 223) dans *La Poursuite infernale* (1966), « aristocrate décadente du Sud » (Judith Crist, *New York World Journal Tribune* ; p. 236) dans *Que vienne la nuit* (1967). Tous ces films, sauf *Les Chemins de la vengeance*, sont des mélodrames du « Sud profond », genre particulièrement porté sur les portraits de femmes « hystériques », ou « nymphomanes ». Sous cet angle, *Klute* (1971) est particulièrement intéressant : comme Fonda joue le rôle d'une prostituée, le film se réfère aux rôles précédents de l'actrice, mais cherche aussi à leur donner une inflexion féministe, de sorte que la prostituée peut être comprise « comme la plus honnête et la plus méprisée des femmes », selon Sheila Whitaker (*The Rebel Hero*, p. 13). Mais on ne sait pas si ce rôle rompt avec la dimension exhibitionniste de l'image antérieure, ou si les films précédents, par l'image qu'ils ont laissée dans la mémoire des spectateurs, contribuent à émousser la radicalité potentielle du personnage. On peut se poser la même question à propos de la discussion autour du mot « baiser » (*fucking*) dans *Tout va bien* (1973), ou de la scène de nu avec Jon Voigt dans *Le Retour* (1978).

La dimension sexuelle de son image a bien entendu été soulignée encore davantage pendant son association avec Roger Vadim. Le seul fait de fréquenter « l'inventeur » de Brigitte Bardot avec *Et Dieu créa la femme* (1956), met au premier plan la sexualité. Et les films qu'ils feront ensemble vont accentuer la tendance : *La Ronde (1965), La Curée* (1966), *Barbarella* (1968) et l'épisode « Metzengerstein » des *Histoires extraordinaires* (1969). Tout contribue dans ses différents films-véhicules à mettre l'accent sur la sexualité. Le fait même que Jane Fonda y apparaisse dénudée suffisait pour « situer » ces films à la fois en termes de publicité et de promotion, le récit et la mise en scène y contribuant aussi. Dans *La Ronde,* elle joue une « épouse volage » (Shipman, p. 160) et une femme amoureuse de son gendre dans *La Curée. Barbarella*, d'un bout à l'autre, est une série d'aventures sexuelles, qui culmine avec l'obligation de se soumettre à une machine destinée à la faire mourir de plaisir, mais les appétits sexuels de Barbarella sont plus forts que la machine et celle-ci explose. *Barbarella* intègre aussi des éléments « pervers », comme par exemple faire l'amour avec un chasseur absurdement hirsute ou se laisser séduire par une autre femme. Ce caractère « pervers » sera également présent dans *Histoires extraordinaires,* où le personnage est amoureux de son cheval. Le traitement érotique de cet amour est expliqué par le fait que le cheval serait la réincarnation de son cousin bien-aimé. Une astuce supplémentaire consiste à faire jouer le frère mort, vu dans les flashbacks, par Peter, le propre frère de Jane. Fonda a nié dans des interviews qu'on ait voulu laisser planer l'idée aguichante d'inceste, mais c'est ainsi que cela a été souvent interprété. Le côté « pervers » des histoires et des situations sera accentué par les décors et les costumes, en particulier dans *Barbarella*, avec des lieux communs du symbolisme fétichiste : la laine du tapis assortie à la chevelure de la femme, qui évoque les poils du pubis ; l'arme à poing phallique ; les vêtements de vinyle qui cachent et révèlent à la fois les seins et le ventre ; la suggestion de bondage[30] contenue dans la sorte de minerve transparente qu'elle porte au cou. *Histoires extraordinaires* abonde aussi en éléments du même genre, comme la tenue de Fonda – chaînes et cuissardes noires – et le piège où sa jambe est prise.

Tout est érotique dans l'usage que Vadim fait de Fonda, et c'est ainsi qu'on a généralement perçu ces films. L'article de Sheila Graham, « The Fondas : the Papa, the Mamas and the Kids » (repris dans son recueil *Scratch an Actor*), suggère la totale

---

[30] « pratique sexuelle sado-masochiste dans laquelle un des partenaires est attaché » (Petit Robert). (NDT)

identification de Vadim avec l'utilisation sexuelle de Fonda : « À Rome, j'ai demandé à Jane : "Pourquoi est-ce que vous vous déshabillez tout le temps ?" et aussi : "Pourquoi est-ce que Vadim passe son temps à déshabiller les femmes ?" Elle protesta : "Ce n'est pas vrai, je n'ai été nue que dans trois films." Pourquoi est-ce qu'on a l'impression que ce serait plutôt trois cents ? » (p. 201)

Mais l'association avec Vadim, tout en intensifiant les composantes sexuelles de l'image de Fonda, la complique aussi. Dans les entretiens qu'ils donnent, et Fonda et Vadim prétendent qu'il lui a permis de « se libérer ». Mike Tomkies la cite : « Dès le moment où j'ai compris que Roger était simplement en train de me permettre d'être moi-même, j'ai eu toute confiance en lui » (*Showtime*, mars 1967, p. 12) et à propos des idées de Vadim, le même auteur écrit : « Aujourd'hui (...) ce n'est plus un problème pour les femmes d'être sexuellement libres. Ce qui l'intéresse n'est pas le choix de la liberté mais la vraie façon d'y parvenir. » (*Ibid.*) (Cette opinion de Vadim était fort répandue à l'époque : Simone de Beauvoir publie en 1959 un article dans *Esquire* qui célèbre l'image de libération incarnée par Brigitte Bardot dans *Et Dieu créa la femme* – « Brigitte Bardot and the Lolita Syndrome [31] »). On cite aussi une déclaration de Fonda selon laquelle *Barbarella* est « une sorte de satire ironique de la moralité bourgeoise » (*Photoplay,* février 1968, p. 63). Tout ceci laissait entendre que sa relation avec Vadim n'était pas forcément réduite à une réification sexuelle, mais pouvait être perçue comme une incitation à l'épanouissement sexuel.

Que cela se soit passé en Europe, donnait une certaine crédibilité à cette libération aux États-Unis, où cela relève d'un syndrome culturel connu, auquel fait allusion la phrase malveillante de Sheila Graham : « *the American girl gone to sex* » (la jeune fille américaine tombée dans la débauche) (citée par Shipman, p. 160) et qui est suggéré par Pauline Kael au début de sa critique de *Barbarella* :

> Qu'aurait pensé Henry James de Jane Fonda, cette actrice si

---

[31] Cet article ne fut jamais publié dans la presse française de l'époque. On en trouve une traduction dans Claude Francis et Fernande Gontier, *Les Écrits de Simone de Beauvoir*, Gallimard, 1979, pp. 363-376. (NDT)

> proche de ses héroïnes – riche héritière américaine de vieille souche, mariée à un superbe exemple du méchant jamesien, un Européen raffiné (Français d'origine russe), auréolée d'une réputation de mœurs douteuses… (Springer, p. 254)

Nous l'avons vu, l'idée que, même dans ses films-véhicules les plus « pervers », Fonda préserve sa qualité d'« Américaine à 100 % », est récurrente chez les critiques, et aura peut-être permis à son traitement à la « Svengali » par Vadim d'apparaître simplement comme un nouvel aspect de sa vie qu'elle était en train de s'approprier, plutôt que comme sa définition ou sa prise en main par un autre.

La comédienne

Tout au long de sa carrière, on reconnaît à Jane Fonda des talents de comédienne. Avant même de faire son premier film, *La Tête à l'envers* (1960), elle fait ses classes avec Lee Strassberg à l'Actor's Studio de New York. Pourtant, il est difficile de décerner l'empreinte de la « Méthode » dans le jeu de Fonda à l'écran. (Quelques observateurs directs affirment que Fonda utilise bel et bien l'approche de la « Méthode » dans la préparation de ses rôles, ce qui a peut-être facilité le caractère d'improvisation de quelques-uns de ses films plus tardifs, examinés ci-dessous). Sa réputation de comédienne tient plutôt à quatre facteurs plus traditionnels.

Premièrement, sa carrière a commencé par des succès modestes au théâtre, toujours perçu comme lieu de consécration du « vrai talent de comédien ». Deuxièmement, elle a tenu un large éventail de rôles en alternant de sombres mélodrames (*La Rue chaude*, 1962, *Les Liaisons coupables*, 1962, *Les Chemins de la vengeance*, 1963, *La Poursuite impitoyable*, 1966, *La Curée*, 1966, *Que vienne la nuit*, 1967, *On achève bien les chevaux*, 1969), avec des comédies légères. Celles-ci constituent le troisième facteur qui l'ont légitimée en tant que comédienne. Mis à part *Cat Ballou* (1965), tous ces films entrent dans le genre pour lequel il n'a y guère d'autre étiquette que « *american sex comedy* ». C'est le type de comédie que l'on associe à la deuxième partie de la carrière de Doris Day et aux pièces de Neil Simon, dont *Pieds nus dans le parc*, que Fonda tourne en 1967, est la meilleure illustration. Les autres exemples sont *La Tête à l'envers* (1960), *L'École des jeunes maris* (1962), *Un dimanche à New York* (1964) et *Chaque mercredi* (1966). Dans tous ces films, tirés de comédies ayant déjà eu du succès à Broadway (nouvelle validation théâtrale pour Fonda), l'actrice fait preuve, selon les critiques, d'un bon sens du « rythme » et d'une *technique* incontestable. La dernière confirmation de ses talents de comédienne viendra de sa nomination aux Oscars pour *On achève bien les chevaux* (1969) et de celui qu'elle remportera pour *Klute* (1971) ; enfin, elle sera couronnée en tant que « comédienne » plutôt qu'en tant que « star », avec le prix de la « Meilleure actrice » qui lui sera décerné deux fois par la critique new-yorkaise, pour ces deux derniers films.

Tout au long des années soixante-dix, on continuera à saluer ses talents de comédienne, lorsqu'elle tourne *Tout va bien* de Godard en 1973[32], une adaptation d'une pièce « classique » d'Ibsen (*La Maison de poupée*, 1974), l'évocation d'un personnage historique (Lilian Hellman dans *Julia*, 1977), ainsi que des comédies, *Steelyard Blues* (1972) et *Touche pas à mon gazon* (1977).

Au-delà de sa capacité à jouer différents types de rôles, par opposition à l'idée « d'être simplement elle-même » (distinction d'ailleurs contestable, dans le cas de Fonda et en général), et des connotations « non-hollywoodiennes », « anti-glamour » de beaucoup de ses films-véhicules et des personnages qu'elle joue, la plupart de ses films plus tardifs (à partir de *On achève bien les chevaux*) appartiennent à ce qu'on a appelé le *New Hollywood Cinema*. Du point de vue des interprètes, ce style de film met l'accent sur l'élaboration des personnages au sein d'un récit peu structuré et avec des effets naturalistes, comme par exemple des répliques interrompues, hésitantes, marmonnées, des tics faciaux et autres techniques créant l'illusion de l'improvisation. Fonda maîtrisait ce style – le naturalisme de son interprétation est particulièrement marqué dans les scènes avec le psychanalyste dans *Klute* et tout au long de *Le Retour* (1978) – et dans la mesure où ce style constitue « le » critère de qualité du jeu d'un comédien dans le cinéma des années soixante-dix, sa réputation de

[32] Non que Godard utilise les acteurs comme des « comédiens », mais aux Etats-Unis, le fait d'être dirigé par un réalisateur européen connu est en soi le gage d'un talent de comédien.

comédienne a sans doute atteint son pinacle à la fin de cette décennie.

La politique

Dans les commentaires critiques sur Fonda, il y a débat sur son statut : « *sex star* » ou actrice. Si certains auteurs prétendent qu'elle a montré une réelle capacité à exprimer la sexualité, notamment dans *La Curée,* ces deux aspects sont le plus souvent perçus comme séparés, voire contradictoires. Mais son adhésion à la gauche radicale soulèvera des contradictions beaucoup plus aiguës.

Une importante couverture journalistique entoure l'engagement de Fonda dans les quatre domaines de l'activisme radical identifiés comme tels à cette époque par les médias américains – la contestation des Amérindiens : sa visite en 1969 à l'ancienne prison d'Alcatraz, dans la baie de San Francsco, occupée par des activistes indiens ; son association avec un chef des Black Panthers, Huey Newton ; son militantisme contre la guerre au Vietnam, avec son travail dans des « cafés G.I. » où les militaires pouvaient rencontrer des opposants à la guerre, et où elle a été arrêtée par la police ; enfin, ses prises de position féministes. Et elle épousera Tom Hayden, l'un des animateurs les plus en vüe du grand mouvement anti-guerre, SDS (*Students for a Democratic Society*) et l'un des sept manifestants à passer en jugement à la suite des troubles lors de la Convention des Démocrates à Chicago en 1968. Elle va également être associée à deux initiatives contre la guerre, en 1972 le show *F.T.A.* (« *Free the Army* » ou plutôt « *Fuck the Army* ») (adapté plus tard au cinéma) et en 1974 le documentaire *Introduction to the Enemy*, qu'elle co-réalise avec Hayden et Haskell Wexler. Certains de ses longs-métrages sont explicitement à gauche – dans *Tout va bien*, elle tient le rôle d'une journaliste gauchiste dans l'héritage de soixante-huit, *Maison de poupée* est un classique du théâtre « féministe », dans *Julia* elle incarne une femme de gauche connue, Lilian Hellman, et *Le Retour* est l'histoire d'une femme qui acquiert une conscience politique en travaillant auprès de soldats blessés de retour du Vietnam. De plus, les féministes ont apprécié ses films, notamment *Klute* et *Le Retour* – *Klute* parce qu'il montre la prostitution comme une métaphore du traitement sexuel réservé aux femmes en général, et *Le Retour* parce qu'il raconte la double découverte par le personnage de Fonda d'une capacité d'action autonome... et de la jouissance sexuelle : avant de faire l'amour avec le personnage joué par John Voigt, elle n'a jamais connu l'orgasme, et le contraste, pour une femme, entre une sexualité « libérée » et la sexualité habituellement « oppressive » est illustré par une scène antérieure de rapports sexuels contraints avec le mari, incarné par Bruce Dern.

Le sens de tout cela – ce qui se passe « à la ville » comme à l'écran – est lié au fait que c'est Jane Fonda qui le fait. D'une part, la presse traite toujours ses faits et gestes par rapport aux autres aspects de son image : qu'en penserait son père ? Ne pouvait-elle pas rester « le fringant *sex-symbol*, vedette déjà de dix-huits films » au lieu de devenir « la nouvelle Jane Fonda, qui a certes beaucoup de qualités, mais qui est tout sauf "adorable" » (Mike McGrady, *The Guardian*, 5 mai 1971) ? Ou encore quel rapport entre tout cet activisme et ses réussites de comédienne ? Donald Zec souligne dans le *Daily Mirror* du 6 avril 1970 que « son dangereux défoulement politique pourrait la priver d'un Oscar demain soir » pour *On achève bien les chevaux* – Oscar qu'elle ne recevra effectivement que deux ans plus tard pour *Klute*. Mais ce ne sont là que les symptômes des difficultés que la presse eut à traiter d'une star aux idées subversives. Il aurait été difficile pour les médias de parler autrement des activités gauchistes d'une star. Ce que fait une star n'a de sens que parce que c'est elle qui le fait, c'est la nature de ses actions qui compte, ou alors la difficulté pour elle de les accomplir, jamais les enjeux politiques réels. Ainsi, sa visite à Alcatraz aura moins fait pour dénoncer la situation des Amérindiens, que pour interroger les raisons qu'avait une femme comme elle d'aller dans un endroit pareil, autrement dit, la question de la radicalisation des couches moyennes blanches.

Fonda-comme-star-et-révolutionnaire pose le problème du rôle que les Blancs privilégiés peuvent tenir dans les luttes des non-Blancs déshérités. (Je reviendrai sur la question du féminisme ; mais ce qui est frappant, c'est que le seul de ses films des années 70 qui soulève des enjeux de classe, *Tout va bien*, est situé loin de son pays et de son public américain, et ne soulève que les problèmes des révolutionnaires petits bourgeois). C'est ce que Jean-Luc Godard et Jean-Pierre Gorin soulignent dans leur court-métrage *Letter to Jane* (1974). Ils suggèrent que les positions politiques de Jane Fonda sont imprégnées de valeurs américaines réactionnaires, et justifient leur argument par l'analyse d'une photo de presse prise au cours du tournage du film *Introduction to the Enemy*. D'après eux, la photo montre Fonda face à des Vietnamiens plutôt que les Vietnamiens eux-mêmes (ils font porter la responsabilité de ce choix de cadrage à Fonda, alors qu'il est inhérent au phénomène de la star). De plus, affirment-ils, l'expression de son visage sur cette photo est celle-là même qu'elle utilise souvent dans ses rapports à la politique. Ils la repèrent dans *Tout va bien* (« quand la comédienne écoute un figurant chanter *Lotta Continua* ») et dans *Klute* (« quand elle pose sur son ami, un policier joué par Donald Sutherland, un regard de pitié tragique et se décide à passer la nuit avec lui »), comme chez son père (dans *Les Raisons de la colère* et *Vers sa destinée*) et chez John Wayne « exprimant ses profonds regrets dans *Les Bérets verts* pour les dévastations causées par la guerre du Vietnam ». [...] Ce point de vue négatif (et purement formaliste, d'ailleurs, puisqu'il ne tient aucun compte du contexte dans lequel Fonda travaille) ne concerne pas les causes défendues par Fonda mais Fonda en tant que figure politique ; il est répandu à gauche mais aussi à droite, comme en témoigne par exemple la fréquence dans la presse de citations de son père, comme celle-là : « C'est une fille qui s'entiche pour des causes, des bonnes causes, qu'elle soutient pour de mauvaises raisons, à mon avis. Elle ne sera satisfaite que lorsqu'ils la brûleront, comme Jeanne d'Arc. » (*Sunday Mirror*, 24 septembre 1972).

On retrouve comme un écho de ce malaise dans les évaluations féministes du féminisme de Fonda, bien qu'il y ait beaucoup d'écrits féministes en sa faveur. Cette ambiguïté découle peut-être de ce que le féminisme donne plus d'importance au caractère personnel de l'engagement politique que ne le fait l'activisme politique traditionnel où les préoccupations d'ordre personnel s'effacent devant les « vrais enjeux ». Toutes les féministes ne reconnaissent pas en Fonda un modèle, mais elle incarne pour elles, au-delà des enjeux politiques proprement dits, le problème de l'engagement, perçu comme un enjeu politique en lui-même.

Tracy Young développe cette idée. Elle compare Fonda positivement à d'autres stars de l'époque susceptibles d'incarner une femme « nouvelle », (Faye Dunaway, Diane Keaton), mais sa conclusion est ambiguë :

> À bien des égards, son actuel succès au box-office est une conséquence directe du mouvement des femmes, mouvement sans cesse à la recherche de modèles, et issu jusqu'ici (comme ce qui reste de la gauche) des classes moyennes bien intentionnées. À bien des égards, ce sont leurs valeurs qu'elle célèbre et valide à nouveau. (*Fonda Jane*, p. 57)

On peut voir en Fonda la réconciliation entre le mouvement des femmes et un comportement « acceptable », « normal ». Ici, la dimension « 100 % américaine » est très importante, tout comme son talent de comédienne, mais le plus important, c'est le rapport à la sexualité. Dans tous ses films français « pervers », on applaudit les qualités de la « saine Américaine », car Fonda y demeure infailliblement « normale », c'est-à-dire hétérosexuelle. L'importance de cette question apparaît avec *Julia* (1977). Comme le souligne Jennifer Selway dans *Time Out*, « personne ne songe à mentionner que les rapports lesbiens sont au cœur de *Children's Hour*, que Lillian Hellman (incarnée par Fonda) est en train d'écrire, tandis que, comme le dit le scénario, "ses pensées reviennent sans cesse (...) à Julia". » (p. 39) ; et dans un entretien paru dans *Télérama* (18 décembre 1976), Fonda elle-même dira : « On m'a dit à Londres qu'il s'agissait d'homosexualité. Je ne le crois pas : c'est seulement l'histoire d'une amitié profonde. D'ailleurs, c'est moi-même qui me suis proposée pour le rôle. »

L'une des plus importantes « tares » dont le mouvement des femmes est doté, grâce aux aimables attentions des médias, est l'homosexualité. Si beaucoup de féministes ont découvert le potentiel lesbien à travers le mouvement des femmes et si celui-ci est formellement attentif à la défense du lesbianisme, cela demeure à n'en pas douter un écueil pour beaucoup de femmes (et d'hommes). Je ne dis pas que l'image de Fonda est anti-homosexuelle, mais qu'elle est ostensiblement *non*-homosexuelle, ce qui, avec ses antécédents familiaux et ses qualités de comédienne, confère à ses positions politiques, et notamment à son féminisme, une tonalité de normalité.

L'image que renvoie la carrière de Jane Fonda est celle d'une négociation par Fonda-l'individue d'un certain nombre de possibilités et de problèmes que j'ai classés sous les rubriques du père, du sexe, du jeu de la comédienne et de la politique. Mon analyse suggère qu'aujourd'hui (1979), son image parvient à concilier ses divers éléments et que le « voyage » est achevé. Sans prétendre prévoir l'avenir, il semble bien qu'avec *Julia* et *Le Retour*, sa réputation de star n'ait jamais été aussi grande, ce qui confirme la théorie, proposée par ce livre, de la star comme lieu de résolution des contradictions. Enfin je noterai un dernier aspect de son image qui assure également une certaine continuité et que l'on peut appeler le côté « garçon manqué » de sa *persona*. Plusieurs stars féminines utilisent ce trait – que l'on compare Fonda à Debbie Reynolds ou Nancy Sinatra ; et les rôles où Fonda a eu le plus grand succès sont des rôles de garçons manqués, comme dans *La Rue chaude*, *Cat Ballou*, ou *Barbarella*. Des images saisies à différents moments de sa vie ont souligné cet aspect, depuis une photo promotionnelle de la famille Fonda jusqu'aux descriptions de la star dans les meetings politiques, en cheveux courts et jeans. Tracy Young affirme aussi que le rôle de Lilian Hellman dans *Julia* est celui « d'un garçon manqué légendaire » (op. cit., p. 57), et dans les scènes avec Jason Robards Jr. (qui incarne Dashiell Hammet), elle porte pantalon et pull et le poursuit en lui hurlant des insultes. Ce n'est pas le lieu de discuter de l'acceptabilité de l'image du garçon manqué en général, mais on peut faire les observations suivantes : il est évidemment acceptable pour une femme d'être un garçon manqué (alors qu'il ne l'est pas pour un homme d'être efféminé), sans doute parce qu'il est admirable qu'une personne veuille assumer les attributs du sexe supérieur mais non l'inverse ; d'autre part, en tant que « garçon manqué », la femme possède quelque chose de « l'immaturité » de l'adolescent et ne constitue donc pas une menace pour l'homme adulte ; lorsque, comme dans le cas de Fonda, il s'agit d'une image fortement sexualisée, nous pouvons nous interroger sur les implications psychiques de ce phénomène en termes de substitution phallique ou sur la séduction exercée sur les spectateurs hétérosexuels – et sur les autres femmes ; cela peut créer une contradiction dans son image : elle incarnerait une femme non-homosexuelle capable de séduire des spectatrices lesbiennes (sur cette question en général, cf. Caroline Sheldon, *Gays and Film*).

De telles spéculations sont toujours hasardeuses, mais il est possible que le charisme de Fonda – qui a provoqué des manifestations extrêmes de haine et d'amour –, s'explique non seulement par le fait qu'elle réconcilie le radicalisme et le féminisme avec l'américanisme et la banalité, mais également par sa capacité à suggérer (en tant que garçon manqué) des redéfinitions de la sexualité tout en affirmant son hétérosexualité.

TROISIÈME PARTIE

LA STAR COMME SIGNE FILMIQUE
(Extraits)

La star est construite comme image par toutes sortes de textes médiatiques autres que les films, mais ceux-ci demeurent au cœur de l'image d'une star. Il s'agit donc maintenant de s'intéresser de plus près au fonctionnent des stars dans les films.

La question sera abordée sous deux angles différents. D'abord, sous celui de la star en tant que personnage, en partant de la prémisse que l'image générale d'une star peut être conceptualisée indépendamment du personnage particulier qu'elle compose dans tel ou tel film. [...] Ensuite, nous évoquerons le rapport entre la star et le jeu de l'acteur/actrice, en partant de l'hypothèse que la star produit du sens dans un film parce qu'elle est une image déjà-signifiante. [...] Enfin nous analyserons brièvement la façon dont la star fonctionne par rapport à la question de l'« auteur ».

STAR ET PERSONNAGE

Dans un film, la star joue un personnage, c'est-à-dire la représentation construite d'une personne. Pour comprendre l'« être » d'une star dans un film, nous avons besoin de comprendre ce qu'on entend par un personnage de film. Cette compréhension est particulièrement difficile du fait que les réflexions théoriques sur le personnage de fiction (quel que soit le moyen d'expression) ont visé le plus souvent à mettre en évidence son caractère illusoire ; ayant démontré que les personnages ne sont pas des personnes réelles mais des constructions textuelles, les critiques et théoriciens se sont désintéressés des moyens utilisés pour produire cette impression de réalité si familière, et les codes qui la régissent.

Examinant les écrits théoriques sur le personnage dans *The Dynamics of Literary Response*, Norman N. Holland fait remarquer que discuter des personnages comme s'ils étaient des personnes réelles est « de nos jours (...) tombé en désuétude ». Et de suggérer qu'elle « ne survit que dans les salles de classe du secondaire, les pages littéraires du *New York Times* et les écrits de Mary McCarthy... » (p. 264 – la référence à McCarthy vise sans doute un essai qu'elle a consacré aux personnages de fiction dans *On the Contrary*, où elle déplore l'absence de personnages dans la littérature d'avant-garde). Bien que Holland ne semble pas en avoir conscience, cela signifie que dans la plupart des discussions sur la littérature, dans l'enseignement comme dans les pratiques culturelles moyennes, la notion de personnage perdure, indifférente aux discours avant-gardistes de la nouvelle critique (pour un survol des principaux angles d'attaque contre la notion de personnage, cf. W. J. Harvey, *Character and the Novel*).

Il y a quelques exceptions à la règle qui veut que les stars incarnent toujours des personnages : dans certaines comédies musicales, les stars viennent à tour de rôle faire leur numéro, ou alors des brèves apparitions dites « *cameos* » – Ava Gardner dans *Tous en scène* ou Bing Crosby, Gene Kelly et Milton Berle dans *Le Milliardaire.* Dans les films faits de numéros successifs, cela est vrai en partie – en faisant son numéro, la star projette son image, même si elle joue un personnage dans un sketch ou une saynète. Mais les « *cameos* » sont plus ambigus. Ava Gardner dans son propre rôle reconnaît en Fred Astaire le fictif « Tony Hunter » et il s'agit de parler du statut de star déchue du danseur et de la camaraderie entre personnalités du spectacle. Gardner est totalement impliquée dans la fiction du film comme personnage, si mineur soit-il, et, en jouant son propre rôle, elle renforce l'illusion de l'existence de l'autre personnage. Il y a ici une correspondance parfaite entre Gardner comme image et Gardner comme personnage. (On peut en dire autant de Crosby et les autres dans *Le Milliardaire*). C'est sur la complémentarité entre image de star et personnage que tournera l'essentiel de l'analyse qui va suivre.

J'utilise ici le mot « personnage » pour désigner les individus fictifs construits dans les films et le mot « personnalité » pour désigner l'ensemble de traits et de caractéristiques dont ceux-ci sont dotés par le film. Cet examen implique une discussion de la *notion* de personnage, de sa *construction* et du rapport de la star aux deux.

La notion de personnage

Au sens le plus général, toutes les fictions comportent des personnages, des êtres fictifs, que ce soient des humains, des animaux ou des êtres fantastiques, qui portent le récit, agissent et/ou sont objets d'action. Cependant, au cours de l'histoire, la façon de penser ces êtres a changé. Ian Watt le montre clairement dans *The Rise of the Novel*, ouvrage utile ici parce qu'il montre les limites à la fois historiques et culturelles de la notion de personnage et analyse la conception qui domine dans nos sociétés et notre culture.

Spécificité culturelle et historique de la notion de personnage

La thèse de Watt est que l'apparition du roman coïncide avec des changements dans la pensée occidentale. Il montre comment chaque trait important de la fiction narrative – intrigue, construction des personnages, représentation de l'espace-temps, style d'écriture – constitue une rupture radicale avec les modes antérieurs. En ce qui concerne la création des personnages, le trait le plus important est la « particularisation » de ceux-ci, le fait que la fiction ne traite plus de « types humains généraux » incarnant des concepts moraux ou intellectuels, mais de « personnes particulières dans des circonstances particulières ». Cela se voit, entre autres, par « la façon dont le romancier indique généralement son intention de présenter un personnage comme un individu en lui attribuant un nom, exactement de la même façon que les gens ont un nom dans la vie réelle » (p. 19). Dans la littérature pré-romanesque, les personnages recevaient des noms historiques ou symboliques : « Que ce soit l'un ou l'autre, leurs noms situaient les personnages dans un réseau d'attentes formé essentiellement par la littérature du passé, plutôt que par le contexte de la vie contemporaine. » (ibid.)

D'autres aspects de la forme-roman – la représentation de l'espace-temps – sont également liés à la conception romanesque du personnage. Dans le roman, le temps et l'espace seront particularisés, ce qui a pour conséquence d'accentuer la particularité des personnages. Le roman a conscience du temps et des changements qu'il apporte, le roman s'intéresse donc « plus qu'aucune autre forme littéraire au développement des personnages dans le temps » (p. 23). L'attention qu'il porte aux particularités de l'espace permet également au roman d'explorer les interactions entre un individu et son environnement (même si ce souci se développera plus tardivement que les autres).

Que le roman, d'une manière générale et par sa promotion d'un certain type de personnage, soit un produit de la société bourgeoise, est aujourd'hui un lieu commun de l'histoire littéraire. Dans *Character and the Novel*, W. J. Harvey observe : « L'une des rares généralisations marxistes sur la littérature à avoir bien résisté à l'analyse historique détaillée est la thèse qui veut que le roman soit intimement lié au développement du système capitaliste moderne. » (p. 24) On peut considérer que le roman est la forme de récit bourgeoise par excellence, mais d'autres formes ont été influencés par les traits généraux du roman.

Avant d'examiner les traits pertinents de cette conception romanesque du personnage, il faut nous demander dans quelle mesure les images de star et les personnages de film relèvent de cette conception.

Les stars

Notons d'abord que la star elle-même constitue un trait spécifique du théâtre bourgeois (et plus tard du cinéma). L'émergence des vedettes du théâtre est généralement située entre le milieu du XVIIIe et le milieu du XIXe siècle, avec David Garrick, Peg Woffington, Sarah Siddons, Edmund Kean, Frédérick Lemaître et Rachel, en relation avec la constitution du théâtre à la fois comme entreprise économique viable et profession respectable (les comédiens cessent de dépendre du mécénat ou d'être des artistes itinérants à peine mieux considérés que des vagabonds ou des brigands). En même temps a lieu un changement dans la perception de l'art du théâtre et de ses auteurs. Dans le théâtre ancien, soit on considérait que les acteurs tenaient des rôles pré-établis beaucoup plus importants qu'eux-mêmes, soit ils étaient complètement identifiés à leurs rôles – c'est le cas des premières troupes professionnelles comme celles de la *commedia dell'arte*. Burns souligne dans *Theatricality* que Garrick et ses successeurs incarneront des personnages familiers (notamment ceux de

Shakespeare) mais s'arrangeront pour se mettre en avant eux-mêmes, tout autant que leur personnage. Le naturalisme intuitif qu'ils vont introduire sera « un moyen d'incarner et sa propre personnalité et celle du personnage, de sorte que le public se souvienne du Hamlet de Kean, du Macbeth de Kemble, du Shylock d'Irving » (p. 171). De cette façon, les premières « stars » incarnent non seulement le triomphe de l'individualisme, elles soulèvent aussi implicitement la question de la différence entre la personne (Kean) et le rôle (Hamlet).

Dans un sens, l'histoire des stars au cinéma rejoue l'histoire du changement des notions de personnage et d'individu tel que Watt et les autres l'ont décrit. On considère généralement, comme nous l'avons indiqué ci-dessus, que les stars cesseront d'être des figures de l'idéal, des dieux et des déesses, pour devenir des représentations de la vie ordinaire, des mortels comme vous et moi. C'est un changement semblable à celui provoqué jadis par le roman dont les personnages cessent d'être des incarnations de principes moraux ou intellectuels pour devenir des « personnes particulières dans un endroit particulier » (mais seules les toutes premières stars de cinéma étaient prises pour des incarnations de qualités pures). Ceci suggère un retard culturel dans la formation du premier cinéma, mais s'accorde avec l'idée d'Edgar Morin que le passage des dieux aux mortels chez les stars est un aspect de l'embourgeoisement du cinéma.

Les personnages de cinéma

Les différents courants de l'histoire du cinéma ont également suggéré un autre parallèle entre l'histoire du roman et l'évolution de la conception du personnage de cinéma : après une période où le cinéma se focalise principalement sur des personnages héroïques ou emblématiques, les uns représentant des idéaux, les autres des idées, on passera à un cinéma qui individualise les personnages. À l'appui de ce point de vue, l'évolution du personnage du cowboy – celui des premiers westerns se réfère au modèle chevaleresque ou à quelque autre mythe plus récent, et l'identification des personnages à des valeurs est à peu près totale (selon Erwin Panofsky dans « Style and Medium in the Motion Pictures », cela va jusqu'au costume – noir pour le méchant, blanc pour le héros).

Avec les diverses innovations qui affecteront le genre – l'introduction de l'Histoire (dans *Le Cheval de fer*), de la psychologie (dans *Le Gaucher*), du naturalisme (dans *Will Penny, le solitaire*) –, les personnages sont plus individualisés et moins faciles à étiqueter « bons » ou « méchants ». Leo Braudy, dans *The World in a Frame*, franchit un nouveau pas en avançant l'idée qu'à mesure du développement de cette « individualisation » des personnages, le film se focalise de plus en plus sur les personnages et de moins en moins sur l'intrigue. Alors que dans les années trente et quarante, les films aussi bien à Hollywood qu'en Europe subordonnent le personnage à l'intrigue, à partir du début des années cinquante l'accent sera mis sur la caractérisation (Braudy prend l'exemple d'un James Dean ou d'un Marlon Brando, ou de réalisateurs comme Truffaut ou Altman). On peut y voir un écho de l'émergence dans le roman « des personnages particuliers dans un cadre particulier ». Là où les premiers romans ou films se servaient encore de la caractérisation des personnages pour illustrer tel ou tel aspect du dessin général de l'intrigue, les plus récents se serviraient de l'intrigue pour éclairer tel ou tel aspect d'un personnage. Dans le champ de l'art et de la critique d'élite, cet accent mis sur la caractérisation individuelle culmine dans les premières décennies du vingtième siècle avec Joyce, Woolf, Proust et d'autres – et dans une large mesure disparaît après eux ; nous constatons donc que le plus moderne des arts retarde de plusieurs décennies sur ces aînés. Cela peut surprendre, mais il s'agit d'un phénomène banal. Notons cependant l'une questions importantes soulevées par ce modèle : ne s'appliquerait-il qu'à la moitié des personnages/stars, les hommes ? Claire Johnston, examinant le stéréotypage au cinéma, développe la réflexion de Panosfsky sur l'iconographie du cinéma du premier temps :

> L'iconographie en tant que type de signes ou ensemble de signes basé sur certaines conventions liés aux genres hollywoodiens a été partiellement responsable du stéréotypage des femmes dans le cinéma commercial en général, mais le fait qu'il y ait eu une différenciation beaucoup plus grande dans les rôles masculins que dans les rôles féminins au cours de l'histoire du cinéma est la conséquence de l'idéologie sexiste et de l'opposition fondamentale entre l'homme qui serait partie prenante de l'Histoire, et les femmes qui seraient anhistoriques et éternelles.

> Au fur et à mesure du développement du cinéma, le stéréotypage des hommes est vite perçu comme allant à l'encontre de la réalisation même de la notion de « personnage » ; dans le cas des femmes, ce ne sera pas le cas : l'idéologie dominante présente celles-ci comme éternelles et toujours identiques à elles-mêmes, sauf en termes de mode vestimentaire. (*Notes on Women's Cinema*, pp. 24-25).

On a pu arguer de l'existence d'exceptions (fortement contestées) à la règle de Johnston : les mélodrames féminins, les films de Howard Hawks, certains films repérés par Jeanine Basinger dans un article intitulé « Ten That Got Away », films décrits par elle comme « une minorité importante de films hollywoodiens contenant des images positives [de femmes] – à quoi il faut ajouter quelques « études de caractère » comme *Klute*, *Alice n'habite plus ici* et *Julia* – mais ce sont sans aucun doute des films *exceptionnels*, ce qui tendrait à confirmer la validité générale de cette règle. Ces films sont exceptionnels parce que les femmes en sont le personnage central, ce qui les amène à proposer un compromis entre le stéréotypage habituel des femmes au cinéma et les exigences particulières de telle ou telle protagoniste. (En général, les personnages secondaires des deux sexes demeurent stéréotypés, et notamment pour des raisons d'économie – il faut plus de temps et plus de détails pour camper et développer un personnage individualisé). Enfin on peut douter que l'image de la *star* féminine se conforme aussi à la règle de Johnston – on ne voit guère en quoi Davis, Garbo, Monroe ou Fonda sont moins individualisées, ou plus stéréotypées qu'un Wayne, un Brando ou un Redford.

[...]

Les stars comme personnages de film

Qu'y a-t-il donc en jeu lorsqu'on étudie un texte filmique à travers une star et le personnage qu'elle joue ?

Relevons d'abord les niveaux auxquels la star intervient effectivement dans la construction d'un personnage. La question peut être envisagée de deux points de vue différents : le fait que la star joue dans ce film, et le travail de comédien/ne qu'elle y effectue. Concernant la présence d'une star donnée dans tel ou tel film, les spectateurs connaissent d'avance le nom de la star et son aspect (y compris sa voix et le style de vêtement qu'elle porte), cette condensation d'attitudes et de valeurs qui constitue une image de star. Cela est particulièrement flagrant pour les apparitions de Marlène Dietrich dans *Le Tour du monde en quatre-vingts jours* (1956) et *La Soif du mal* (1958). Ce dernier film, comportant toute une série de brèves apparitions, est une preuve suffisante que la simple présence d'une star dans un film peut faire exister un personnage. Lorsque Dietrich en diseuse de bonne aventure prédit à Quinlan / Orson Welles un sombre destin, il suffit que ce soit elle qui le fasse pour que cette prédiction revête une autorité mystérieuse et vaguement érotique. L'exemple de Dietrich est particulièrement intéressant en ce que le mélange de mystère, d'érotisme et d'exotisme que véhicule son image à chacune de ses apparitions, s'appuie essentiellement sur le souvenir des films de Sternberg, ses photos « glamour » et son numéro de cabaret, et non sur la substance de ses films ou de ses interviews. Son visage, son nom même, sont les supports de cette « mystique », quel que soit le film où elle joue et quelles que soient ses déclarations[1].

L'image de la star entre dans la construction d'un personnage de trois façons différentes :

– l'utilisation sélective :

Par le déploiement des autres traits du personnage et par la rhétorique filmique, le film peut faire ressortir certains éléments de l'image d'une star et passer d'autres sous silence. Autrement dit, dans la polysémie structurée de l'image de la star, seules certaines significations seront sélectionnées en fonction de la conception générale du personnage dans le film. Avec cet usage sélectif d'une image de star, le film court un risque, en ce sens que rien ne garantit d'avance que les aspects de la star privilégiés dans le film seront ceux qui intéresseront le public. Pour y parvenir, le film doit mobiliser l'ensemble des codes cinématographiques pour mettre en avant, ou minimiser selon le cas, les différentes composantes de l'image de la star. Il ne suffit pas de dire que le film se sert de tel aspect de l'image d'une star : il faut montrer comment cela

[1] Cf. l'étude de David Morley et Dorothy Hobson au Center for Contemporary Cultural Studies, University of Birmingham.

fonctionne.

Je prends un exemple délibérément minime, l'utilisation d'un seul élément signifiant, l'éclairage, pour l'acteur Robert Redford. Et d'abord la façon dont il est éclairé d'une part dans *Nos plus belles années* et *Butch Cassidy et le Kid*, et d'autre part dans *Les Hommes du Président*. Dans les deux premiers cas, Redford est avant tout le centre de l'intrigue érotico-romantique et il est donc éclairé de manière très flatteuse, avec un effet de contre-jour qui crée la chaude luminosité des films du Hollywood classique et éclaircit encore davantage ses cheveux qui sont déjà d'une blondeur toute américaine. Plus surprenant, peut-être, est l'emploi de ce même type d'éclairage pour le même acteur dans le rôle du Sundance Kid, et pas seulement dans les scènes avec Katherine Ross. Ceci suggère que même dans le rôle du Kid, le côté érotico-romantique de l'acteur est utilisé (on peut se demander à l'intention de quel public...). Ces deux films mettent également en sourdine le côté « politique » de Redford ; dans *Nos plus belles années*, il est mal à l'aise face à l'engagement politique de Katie/Barbara Streisand, et Sundance n'est au fond qu'un hors-la-loi qui veut jouir de la vie. En revanche, *Les Hommes du Président* est entièrement consacré à ce côté politique et donc ne s'intéresse pas du tout au côté érotico-romantique de l'acteur. Il est éclairé *a giorno*, sans effet particulier[2] : J. A. Place et L. S. Peterson observent que ce type d'éclairage se développe au cours des années quarante « afin de créer une impression de réalité où le visage du personnage possède un modelé agréable » (p. 327). Dans le rôle de Bob Woodward, Redford n'est pas filmé sous un éclairage qui pasticherait le cinéma-vérité ; il demeure le héros classique au « modelé agréable », mais sans les touches érotico-romantiques des deux autres films. Il serait intéressant d'étendre l'étude de l'éclairage au film *Votez McKay*, où le personnage de Redford est politique pour lui-même, mais érotico-romantique pour la machinerie électorale qui l'enrôle.

– l'accord parfait :

Dans certains cas, tous les aspects de l'image de la star s'accordent avec l'ensemble des traits du personnage. (Certains

[2] En français, on parle plutôt d' « éclairage comédie ». (NDT)

aspects de la star seront sans doute particulièrement importants, mais sans être incompatibles avec les autres.) Parfois, il s'agit de personnages littéraires déjà connus – Clark Gable en Rhett Butler dans *Autant en emporte le vent* ou Gérard Philipe en Julien Sorel dans *Le Rouge et le Noir* – et il en est également ainsi dans le cas d'un scénario original, écrit sur mesure pour telle ou telle vedette. Par exemple, pour John Wayne, alors que la plupart de ses films se contentent d'utiliser et de célébrer ses qualités de chef et d'homme de l'Ouest, décontracté et viril, certains films prennent également en compte sa maladresse avec les femmes et son « auto-suffisance autoritaire » (Leo Braudy) : *La Rivière rouge, Rio Bravo, La Prisonnière du désert, L'Homme qui tua Liberty Valance.* Certains critiques auteuristes ont envisagé la question de cet accord sous l'angle du casting. Selon Leo Braudy, « le réalisateur avisé, conscient de l'apport du comédien à la caractérisation de son personnage, distribue les rôles afin de produire du sens non-verbalement. » (op. cit., p. 207) V. F. Perkins cite l'emploi par Hitchcock de Cary Grant, acteur dont Leo McCarey fait remarquer qu'il « cherche toujours à faire ressortir l'humour d'une situation dramatique » : « Hitchcock le sait quand il confie à Grant le rôle vedette dans certains films (*La Main au collet, La Mort aux trousses*) dont le ton dominant est la légèreté et où la présence de la star est garante d'un happy end. En même temps, il focalise le sens du film sur la faiblesse morale du héros et son attitude désengagée. » (*Film as film*, p. 182)

– l'accord imparfait :

Si l'on peut souvent convoquer de solides arguments à l'appui d'un diagnostic d'« usage sélectif » ou d'« accord parfait » entre l'image de la star et le personnage d'un film, il me semble que la présence puissante, inéluctable, toujours-déjà-signifiante de la star crée souvent des problèmes pour la construction du personnage. Leo Braudy observe : « Un réalisateur qui n'est pas conscient du poids esthétique de l'image cumulée d'une star de cinéma peut très bien commettre des erreurs propres à détruire l'unité de son film » (op. cit. p. 210).

Et de citer le rôle d'Yves Montand dans *État de siège*, succédant à ses rôles politiquement sympathiques dans *Z* et

L'Aveu[3] (point n'est besoin, bien entendu, de penser le problème dans le cadre auteuriste choisi par Braudy). Le caractère contradictoire et polysémique des images est tel qu'il est difficile d'utiliser certains aspects seulement de l'image de la star ou d'articuler cette image avec le personnage tel qu'il est construit par le film. J'ai déjà proposé quelques exemples de non-concordance entre image de star et personnage – Lana Turner dans *Le Facteur sonne toujours deux fois*, Bette Davis dans *Une femme cherche son destin*, Marlon Brando dans *Le Dernier tango à Paris*. Chacun de ces exemples montre à quel niveau de sens la contradiction peut être décelée.

Dans certains cas, elle peut se situer à tous les niveaux, de sorte que l'on peut parler d'un choc entre deux ensembles de signes, entre la star comme image et le personnage tel que par ailleurs le film le construit. On en a un exemple remarquable avec la Lorelei de Marilyn Monroe dans *Les hommes préfèrent les blondes.* Le personnage créé par Anita Loos est très connu aux Etats-Unis grâce au succès de son roman, puis du *musical* qui en fut tiré, où l'interprétation de Carol Channing fit sensation ; il renvoie au type de l'arriviste (*gold-digger*), de même que le scénario du film (cf. ce que Jane Russell/Dorothy dit de Lorelei), le choix et le jeu des autres acteurs (Gus/Tommy Noonan, la « lavette » et Piggy/Charles Coburn, le « vieux cochon », tous deux faciles à manipuler, comme les soupçons du « soupirant sérieux » Malone/Elliott Reid), mais aussi la structure du film : Dorothy et Lorelei sont opposées en tous points, leur nom, la couleur de leurs cheveux, leur rapport aux hommes et à l'argent ; l'enjeu de l'histoire de Lorelei consiste à savoir si oui ou non Gus finira par comprendre ses véritables intentions. Tout ceci fait de Lorelei une arriviste cynique, sachant parfaitement se servir de son corps pour piéger les hommes riches et dont la principale motivation est la cupidité. Ses répliques sont lucides et spirituelles, elles signalent (pour nous et pour elle) qu'elle s'amuse à jouer la fausse innocente. L'image de Monroe, en revanche, penche nettement vers l'innocence. Si elle est certainement consciente de sa sexualité, celle-ci ne lui inspire aucun sentiment de culpabilité et se présente surtout sous une

[3] Costa Gavras a peut-être voulu par ce choix compliquer pour le spectateur la question de l'identification à l'un ou l'autre camp.

forme narcissique – une jouissance pour elle, pas pour les hommes. Au stade où en était le développement de son image alors, ses motivations étaient perçues comme « élevées », soit dans le sens magique des rêves de célébrité d'une « petite fille », soit dans le sens « prétentieux » d'une aspiration à l'Art de la comédie. Il y a donc une disjonction forte entre l'image de Monroe et le personnage de Lorelei. Il n'existe que trois points de rencontre entre les deux : l'impact extraordinaire de leur physique, un comportement infantile et le goût des plaisanteries. Et même ici, quelques réserves s'imposent. De toute évidence, Lorelei a la pleine maîtrise de son corps, ce qui n'est pas encore le cas de Monroe à cette époque ; Lorelei fait semblant d'être infantile alors que Monroe était généralement considérée comme infantile ; les mots d'esprit de Lorelei témoignent d'une évaluation intelligente mais cynique de la situation, alors que les remarques de Marilyn aux journalistes (qu'ils appelaient des « Monroeïsmes ») étaient perçues sur le registre de « la sagesse qui sort de la bouche des enfants ». À cause de cette disjonction (et il faudrait une analyse serrée pour cerner toute la complexité des deux ensembles de traits, ceux de Marilyn et ceux de Lorelei), le personnage Monroe/Lorelei est contradictoire au point de devenir incohérent. Non pas qu'elle soit tantôt ceci, tantôt cela, mais elle est simultanément deux personnages opposés. Ainsi, par exemple, lorsqu'elle dit à Piggy qu'elle attendait un homme plus âgé, « vu qu'il est chercheur de diamants et tout ça », cette réplique telle qu'elle est écrite et contextualisée (notamment par Russell/Dorothy, faire-valoir et confidente) indique la volonté manipulatrice du personnage ; mais, dans la bouche de Monroe, compte tenu de son image, elle indique plutôt le plaisir spontané, inconscient d'être encore plus sexy grâce aux diamants.

Là où il y a semblable disjonction, l'analyse s'attachera à montrer comment elle fonctionne et quelle en est la signification idéologique. En même temps, nous devons nous demander dans quelle mesure la disjonction est perçue en tant que telle. Diverses possibilités se présentent à cet égard :

1) La disjonction peut être d'une clarté aveuglante (comme l'est à mes yeux celle de *Les hommes préfèrent les blondes*). Pour être visibles, de telles disjonctions n'ont pas besoin d'analyse, il s'agit

d'un phénomène bien connu de tous : l'erreur de distribution.

2) On peut estimer que la star est parvenue à résoudre les contradictions. C'est l'opinion de Maurice Zolotow : « Par l'interprétation qu'elle donne de Lorelei, Monroe parvient à tracer le portrait sympathique d'une jeune femme chez qui s'associent la tendresse du cœur et le désir forcené d'ascension sociale. » (*Marilyn Monroe,* p. 143)

3) Le positionnement du spectateur face aux personnages, à travers la hiérarchie des différents discours du film, peut faire en sorte que la vérité du personnage l'emporte sur celle de l'image-de-star. Par exemple, on pourrait arguer dans *Niagara* que le baiser fougueux de Monroe/Rose à son amant sous les chutes d'eau décrédibilise son comportement « innocent » auprès de son mari. En fait, cela ne se produit que si le spectateur ignore l'image de la star, ou si le film se moque consciemment de l'image de la star, comme avec ce personnage terriblement malfaisant interprété par Henry Fonda dans *Il était une fois dans l'Ouest.*

4) L'image de la star est si puissante que tous les signifiés ne peuvent être lus qu'en fonction d'elle. Dans cette perspective, toutes les répliques et actions manipulatrices de Lorelei seraient lues comme authentiques et innocentes. À cet égard, on peut citer la célèbre remarque de Michel Mourlet sur Charlton Heston. Pour lui, cet acteur demeure égal à lui-même quoi que le film veuille faire de lui :

> Charlton Heston est un axiome. Il constitue à lui tout seul une tragédie, et sa présence dans n'importe quel film suffit à créer la beauté. La violence contenue exprimée par la sombre phosphorescence de ses yeux, son profil d'aigle, l'arc hautain de ses sourcils, ses pommettes proéminentes, le pli dur et amer de sa bouche, le pouvoir fabuleux de son torse : c'est ce qu'il possède et que le pire réalisateur ne peut dégrader. C'est dans ce sens que l'on peut dire que Charlton Heston, par son existence seule, donne une définition plus précise du cinéma que des films comme *Hiroshima mon amour* ou *Citizen Kane*, dont l'esthétique ignore ou méprise Charlton Heston. (cité par Colin McArthur dans « The Real Presence »)

Le travail d'analyse consiste à la fois à évaluer la nature de l'accord entre l'image de star et le personnage et, là où l'accord est imparfait ou sélectif, déterminer où les contradictions sont exprimées (à quel(s) niveau(x) de signification du personnage) et quels moyens de « masquage » ou de « pseudo-unification » le film propose (comme l'irrésistible force unificatrice de l'image de la star).

[...]

NOTE SUR LA QUESTION DE L'AUTEUR

Déterminer qui est l'auteur d'un film est depuis longtemps un enjeu des études filmiques. Le cinéma pose cette question de façon particulière en raison du caractère industriel de sa production, qui implique des centaines de personnes et une division poussée du travail. Mais l'examen de ce processus a entraîné une reconsidération radicale de la notion même d'auteur.

Pour prendre en compte le caractère industriel ou collectif de la création cinématographie, divers modèles ont été proposés.

L'auteur individuel

C'est le modèle qui jusqu'ici (1979) a connu le plus grand succès parmi les universitaires sous le nom de « politique des auteurs ». Cette théorie propose une seule personne comme l'auteur d'un film, généralement, mais pas toujours, le réalisateur. Deux arguments mutuellement exclusifs sont avancés à l'appui cette thèse :

- Tout ce que contient un film peut être attribué aux décisions prises par le réalisateur (ou autre auteur) ; la plupart des tenants de cette école admettent qu'un réalisateur peut être contraint d'accepter un scénario déjà écrit, une star dont l'image est déjà établie, etc., mais pour eux le réalisateur fera plier ces contraintes à sa volonté créatrice. Ce point de vue comporte généralement un jugement de valeur, puisque seuls les « bons » réalisateurs y parviennent.

- Le travail d'un réalisateur ou autre auteur peut être repéré après examen (généralement en étudiant un corpus de films auxquels il a collaboré), mais cela n'explique pas nécessairement tout ce qu'il y a dans le film ; selon ce point de vue, l'auteur est une composante parmi d'autres et son travail peut très bien aller à l'encontre du texte filmique ; ce point de vue ne comporte pas nécessairement un jugement de valeur – étudier un ensemble de films réalisés par la même personne révélera peut-être des régularités qui peuvent lui être attribuées, consacrant ainsi sa qualité d'auteur, mais sans qu'elles revêtent d'autre intérêt.

L'auteur multiple

Il s'agit d'une extension de la version précédente : le texte filmique serait fait de différentes « voix d'auteur » (réalisateur, producteur, scénariste, star, chef-opérateur) parfois accordées entre elles, parfois non.

L'auteur collectif

Une équipe de personnes travaillant en étroite collaboration serait le véritable auteur du film. Mais les seuls exemples qu'on peut citer sont attachés au nom du réalisateur-auteur, autour de qui se sont regroupés collaborateurs de création et artistes-interprètes – John Ford, Ingmar Bergman, Satyajit Ray, Marcel Carné – et donc le rapport entre auteur individuel et auteur collectif demeure problématique. Ce modèle n'a, à ma connaissance, été théorisé et défendu qu'à partir de pratiques de production « alternatives » (par ex. le *London Women's Film Group*)

L'auteur institutionnel

Les auteurs des films seraient les entreprises ou les structures dont ils sont les produits. Ce peut être un studio, Hollywood tout entier, voire le capitalisme américain ou le patriarcat. Il s'en déduit que le personnel qui travaille sur les films n'est au fond que le « véhicule » des valeurs des grandes structures au sein desquelles il travaille sans pouvoir les infléchir ou les modifier de manière sensible.

Le grand problème que posent ces notions d'auteur – dans tous les arts, d'ailleurs – est le rapport entre le texte et l'auteur. Longtemps ce rapport a été pensé sous la catégorie de « l'expression » : les textes étaient censés traduire les idées, les sentiments, la « personnalité » de l'auteur. Pourtant, il est depuis longtemps reconnu qu'une telle formulation est inadéquate, ne serait-ce que parce que les auteurs ressemblent rarement à leurs textes. Diverses hypothèses ont été proposées pour résoudre ce problème, y compris l'idée que le texte serait l'expression de l'inconscient de l'auteur et de sa « personnalité artistique » (laquelle serait distincte de celle de sa vie de tous les jours). Dans le domaine des études filmiques, cela conduira d'aucuns à écrire des articles non sur les films de Howard Hawks mais sur les films de « Howard Hawks » (usage préconisé pour la première fois par Peter Wollen dans une édition révisée de *Signs and Meaning in the Cinema*).

Mais le problème de toute théorie de l'expression est qu'elle suppose une transparence entre l'auteur et son texte. Et pourtant toute forme d'expression humaine a pour caractéristique d'« échapper » à ses auteurs, précisément parce que l'expression n'est possible que par le biais de langages et de codes partagés, d'un niveau de généralité qui dépasse l'individu ou le groupe. Ce qui ne doit pas entraîner le rejet de toute étude sur l'auteur. Mais nous devons plutôt réfléchir en termes de travail dans et sur ces codes et ces langages, et si l'on veut parler de la personnalité d'un auteur, en disant qu'un film est « de Hawks » ou « de Dietrich », il s'agit de reconnaître une certaine façon de travailler les codes. Donc, on ne saurait supposer qu'un film porte ou incarne la personnalité de son auteur, mais il n'en demeure pas moins que les films sont faits par des individus qui ont à prendre des décisions déterminantes, et que ceci constitue un domaine de recherches légitime.

La star comme auteur

L'étude des stars comme auteur relève surtout des études sur Hollywood. Il est certainement possible d'établir, comme la théorie auteuriste nous le suggère, des récurrences, des contradictions et des transformations, soit dans la globalité d'une image de star, soit dans des aspects particuliers – son habillement ou son style du jeu, ses rôles à l'écran, sa promotion, son iconographie. Cependant la nature exacte du rapport entre ces indices et la personne de la star ne sera établie qu'après examen de tous les documents disponibles touchant à la production des films comme à l'image de la star. C'est dire qu'une star, dans ses films et sa promotion, n'est qu'une construction sémiotique ; même si cette construction manifeste des régularités, rien ne prouve que la star elle-même en soit responsable.

Dans *Cagney, the Actor as Author*, Patrick McGilligan est très clair là-dessus :

> La théorie auteuriste peut être révisée et reformulée par rapport aux acteurs : dans certaines circonstances, un acteur peut avoir sur un film autant d'influence qu'un scénariste, un réalisateur ou un producteur ; certains acteurs ont plus d'influence que d'autres ; et il y a quelques rares stars dont les capacités de jeu et la *persona* à l'écran sont si puissantes qu'elles incarnent et définissent l'essence même de chacun de leurs films. Si l'acteur a pour seule responsabilité de jouer la comédie, alors il est exact d'en parler comme d'une icône semi-passive, un symbole manipulé par des scénaristes et des réalisateurs. Mais les acteurs qui, non seulement pèsent sur les décisions artistiques (distribution, scénario, réalisation, etc.) mais s'imposent certaines limites au nom de leur *persona* à l'écran, sont perçus à juste titre comme des « auteurs ». Lorsque l'interprète est devenu si important pour la production qu'il ou elle peut se permettre de changer une réplique, d'improviser, d'infléchir le sens d'une scène, de modifier le récit et le style du film, parvenant à faire passer au public un message clair contre les intentions des scénaristes et des réalisateurs, alors le jeu de cet individu a la force, le style et la cohérence d'un auteur. (p. 199)

Ensuite, le biographe développe l'idée que Cagney entre bien dans la catégorie de l'acteur-auteur. S'appuyant sur des entretiens avec lui et avec ces collaborateurs, il constate que les films tournés avec des réalisateurs comme Lloyd Bacon, William Keighley et Roy del Ruth se ressemblent remarquablement et ressemblent davantage aux films que Cagney a tournés avec d'autres réalisateurs qu'à d'autres films de ces réalisateurs avec d'autres vedettes. Malheureusement, il manque à ce dernier argument la précision qui caractérise par ailleurs le travail de McGilligan ; on aurait besoin que des aspects précis du jeu, de la caractérisation des personnages, de la structure narrative, etc., soient analysés comme on l'attend d'une analyse auteuriste, au lieu de se contenter de vagues allusions à « la spontanéité » (Bacon), à « l'accent élégamment mis sur l'action et le dialogue » (Keighley) ou à « l'urbanité » (Del Ruth).

L'objectif de McGilligan est de montrer que Cagney est le véritable *auteur* de ses films, position classiquement auteuriste. Cependant, l'un ou l'autre des modèles décrits ci-dessus pourrait s'appliquer à telle ou telle star. Pour cette raison, nous devons d'abord distinguer entre l'auteur de l'image de la star et/ou du jeu de l'acteur, et l'auteur du film.

Pour ce qui est de leur image et/ou de leur jeu, il y a sans doute eu quelques stars qui en ont gardé la maîtrise intégrale (Fred Astaire, Joan Crawford), mais d'autres y ont seulement apporté leur pierre (Marlene Dietrich, Robert Mitchum) ; d'autres encore ont fait partie d'une équipe (John Wayne) ou n'ont constitué qu'une voix originale parmi beaucoup d'autres (Marylin Monroe, Marlon Brando) ; enfin, certaines stars sont considérées comme un pur produit des studios (Lana Turner). (Les exemples proposés sont le fruit de l'intuition et nécessiteraient une recherche plus poussée pour être confirmés ou infirmés.)

Qu'il y ait parfois concordance entre la personne de la star et un « texte » (l'image de star, le personnage, l'interprétation) dont il ou elle n'aura été qu'un collaborateur ou même un véhicule passif, devrait nous mettre en garde : il ne faut pas confondre l'individu-star et le texte-star et supposer que le premier est l'auteur du second. Si l'on a du mal à imaginer une star n'exerçant aucun pouvoir sur les décisions concernant son image ou son jeu, l'exacte portée de ce pouvoir et l'usage que la star en a fait, devront être examinés au cas par cas.

Concernant les stars qui sont les auteurs du film dans lequel elles jouent, nous devons éliminer les cas où la star se dirige elle-même : par exemple, Charlie Chaplin, Buster Keaton, Mae West (scénariste), Ida Lupino, Jerry Lewis, John Wayne, Clint Eastwood. Dans ces cas-là, nous devons distinguer entre leur rôle comme star et leurs autres rôles dans la production.

Les films dont on peut considérer qu'une star en est entièrement responsable sont très rares. On peut citer Garbo pour *La Reine Christine*, Ellen Burstyn pour *Alice n'est plus ici*, et plus sûrement Barbra Streisand pour *Une étoile est née*. Quoiqu'il en soit, c'est un lieu commun de dire que la star est une des « voix » du film : il faut toujours se souvenir qu'une « voix » ne peut être attribuée à son auteur qu'en fonction de sa capacité de décision et non par rapport à une expressivité diffuse. La « voix » n'est pas forcément une question de jeu, de costume, etc., mais peut s'exprimer à travers tous les aspects du film, selon la façon dont la star exerce son pouvoir.

Greta Garbo vue par Alexander Walker

Pour traiter les questions théoriques esquissés ci-dessus, chaque exemple doit être argumenté sur la base de données concrètes. Bien que son travail soit dénué de souci théorique, l'historien Alexander Walker, dans un chapitre consacré à Greta Garbo, illustre empiriquement les complexités de ce problème. Passant en revue les différentes personnes et les pressions diverses qui intervenaient dans la production des films de Garbo, Walker défend manifestement le modèle des « voix multiples », parmi lesquelles celle de Greta Gustafsson. Au départ, Gustaffsson était dotée de certaines caractéristiques, dont son physique (un beau visage « féminin », « spirituel », un corps puissant, « masculin », « terre-à-terre » [p. 102]) et son tempérament « pessimiste » (p. 103). De cela, elle était la « propriétaire » sinon l' « auteure ». Mais Walker souligne aussi « la façon dont elle utilisait son talent pour produire certains effets » (p. 99), ce qui revient clairement à situer Garbo dans une position d'auteur (nous laisserons de côté le terme contestable de « talent »). Il note aussi que « presque tous les témoins directs de son travail soulignent la même chose : le changement abrupt qui intervenait dans sa nature dès qu'elle se mettait à jouer » (p. 110). Tout indique en effet que pour une part très importante, ce qu'elle faisait devant les caméras était déterminé, comme Walker le suggère, par une technique proche de celle de Stanislavsky. Et pourtant, d'autres collaboraient à l'effet global qu'elle produisait. Walker n'analyse pas la façon dont les différents réalisateurs travailleront avec Garbo, mais désigne deux hommes comme des figures clés dans sa carrière : Mauritz Stiller et William Daniels. Le premier l'a découverte en Suède et semble avoir forgé son style de jeu à partir de l'idée qu'il avait d'elle. Pour lui, Gustafsson était un « matériau féminin malléable » dont il pouvait faire « une image qui [alimentait] ses propres besoins émotionnels » (p. 107). C'est Stiller qui lui donnera le nom de

Garbo, (« nymphe des bois » en suédois). Daniels sera le directeur de la photo de tous les films parlants de Garbo, à deux exceptions près. Selon Walker, leur relation ressemblait davantage à une collaboration en vue de réaliser les effets souhaités (par qui ?) pour tel ou tel rôle (p. 117). Mais tout ceci se déroule au sein des structures très complexes de la MGM. Walker rapporte à la fois que les scénaristes de la MGM « vont devenir de plus en plus rusés dans leurs façons d'utiliser (...) les caractéristiques de Garbo dans leurs histoires » (p. 103) et que Garbo mène autour de ces scénarios des batailles épiques, qu'en général elle remporte. Cela est sans doute vrai, mais il est également évident qu'elle se laissera enfermer dans certaines idées typiquement MGM. C'est le studio qui l'obligera à dire « *I want to be alone* » dans *Grand Hôtel* en 1933, espérant exploiter un aspect de son image, fruit de la déformation journalistique d'une déclaration qu'elle avait faite à la presse[4] ; c'est le studio encore qui trouve des scénarios « véhicules » historiques ou littéraires pour elle et cherchera plus tard à modifier son image avec *Ninotchka* et *La Femme aux deux visages*. Le studio cherche par là à s'adapter à certains changements dans le paysage idéologique des Etats-Unis concernant la représentation des femmes. Walker voit en Garbo une tentative de la part de la MGM de concilier la sexualité « exubérante » des garçonnes des années vingt et « la bataille permanente des jeunes filles à la Lilian Gish pour préserver leur honneur » (p. 113). À ce niveau, l'auteur de l'image de Garbo est l'idéologie elle-même (dans l'articulation complexe de celle-ci avec le capitalisme et le patriarcat). Si Walker ne propose pas autant d'arguments détaillés qu'on l'aurait souhaité, et omet d'interroger des notions comme « talent » ou « nature », ce chapitre et d'autres dans *Sex in the Movies* et *Stardom* (surtout ceux consacrés à Mae West et Elizabeth Taylor dans le premier, et à Bette Davis, Joan Crawford et Clarke Gable dans le second) suggèrent bien le type de travail qu'il faudrait mener dans ce champ.

---

[4] Walker souligne que Garbo demandait simplement aux journalistes de la laisser tranquille, mais que ceux-ci et ensuite le studio vont préférer lire ses paroles comme l'expression de quelque désir essentiel, « métaphysique ».

Stars et auteurs

L'image et le jeu des stars sont analysés aussi par d'autres auteurs. Ici je me bornerai aux études sur les réalisateurs, bien que certaines associations star-producteur (Louis B. Mayer et Judy Garland, David O. Selznick et Jennifer Jones, Howard Hughes et Jane Russell) mériteraient certainement examen. V. F. Perkins dans *Film as film* écrit : « Pour les acteurs, c'est comme pour les scénarios, le réalisateur reçoit un matériau qu'il peut utiliser, organiser mais non transformer à sa guise. » (p. 182) Ce qui intéresse Perkins, c'est la façon dont un réalisateur peut « intégrer la personnalité bien connue d'un acteur » dans ses préoccupations personnelles. Il peut y parvenir par un casting judicieux – Perkins cite l'utilisation de Cary Grant et James Stewart par Hitchcock – mais à Hollywood les réalisateurs ont rarement la maîtrise de la distribution, et le cas le plus fréquent est d'avoir à « exploiter et organiser de façon imaginative » des matériaux déjà choisis, en particulier l'image d'une star et ses capacités de jeu. Perkins observe à ce propos que l'image de la star peut suggérer certaines possibilités à un réalisateur pour exprimer sa « problématique d'auteur » de différentes façons – comme Nicolas Ray avec Humphrey Bogart, Robert Mitchum, James Cagney et Charlton Heston.

Cette idée que la star et le réalisateur mettent chacun en valeur un aspect de la personnalité de l'autre, informe la plupart des écrits auteuristes. Cette approche place généralement le réalisateur au-dessus de la star dans leur interaction créatrice, et les exemples sont le plus souvent limités à quelques paragraphes en marge d'une étude de l'œuvre. Dans *Horizons West*, Jim Kitses relève les collaborations entre Antony Mann et James Stewart, Budd Boetticher et Randolph Scott, tandis que John Baxter dans *The Cinema of John Ford* évoque les différents points de vue de ce réalisateur sur son héros selon qu'il est joué par Stewart ou par Henry Fonda.

Il n'est pas nécessaire de chercher, comme le font Perkins, Kitses et Baxter, un accord parfait entre l'image de la star et la problématique du réalisateur. Les disjonctions entre les deux peuvent être tout aussi intéressantes, surtout d'un point de vue idéologique, puisqu'elles peuvent exprimer des contradictions, ou tout au moins en suggérer la présence. Je reprendrai l'exemple de Monroe et Hawks dans *Les hommes préfèrent les blondes.* Lorelei, telle qu'Anita Loos a écrit le rôle, est « le héros[5] » du film, par la façon dont elle manipule cette construction sociale qu'est sa féminité. Dans les films de Hawks, ce type de personnage (cf. Rita Hayworth dans *Seuls les anges ont des ailes*) n'est jamais aussi sympathique, ni aussi central. Hawks va faire subir à Lorelei une humiliation (elle se retrouve coincée dans un hublot au niveau des hanches, lesquelles font partie de son arsenal sexuel) ; puis elle est l'objet d'une une parodie (Jane Russell l'imite devant le tribunal) ; enfin Hawks fait du personnage de Russell une camarade chaleureuse et « virile » à la manière de la Femme hawksienne (cf. Jean Arthur dans *Seuls les anges ont des ailes*). Or, dans ce contexte, la construction par Monroe de la sexualité de Lorelei comme à la fois innocente et explosive mais non manipulatrice, construction qui dérive de l'image de la star Monroe mais qui s'écarte de celle de Loos, sème la confusion dans la division hawksienne du monde entre manipulatrices ultra-féminines et femmes sympathiques, masculinisées ou non-féminines. Hawks aurait quelques raisons de se moquer de la Lorelei de Loos, pas de celle de Monroe – mais cela nous ramène au problème du statut du « féminin » dans les films de Hawks et plus généralement sous le patriarcat. La « féminité » est avant tout une construction sociale, qui plus est, une construction faite par les hommes. Et pourtant il s'agit d'une construction à laquelle les hommes ont du mal à faire face – c'est une catégorie sur laquelle ils projettent leurs craintes les plus fondamentales de la différence des sexes, que l'on peut définir psychanalytiquement en termes de castration ou socio-historiquement en termes de domination, celle que les hommes exercent sur les femmes en même temps qu'ils dépendent d'elles. Les films de Hawks, comme la plupart des films hollywoodiens, légitiment cette peur. Ils disent en effet que les hommes doivent vraiment craindre les femmes, et surtout les femmes les plus « féminines » : autrement dit, ils prétendent que ce qui est en

---

[5] Si je parle d'un héros et non d'une héroïne, c'est en partie pour souligner que pour Anita Loos, Lorelei est héroïque, admirable, une gagneuse, et en partie parce que le terme « héroïne » sous-entend une certaine position structurelle dans un récit par rapport au protagoniste masculin – objet de sa quête ou de son amour.

réalité une projection masculine, émane des femmes elles-mêmes. La Lorelei de Monroe, cependant, dérange ce schéma, parce que Lorelei, telle que l'image de Monroe l'a pré-construite et telle que celle-ci l'interprète, est extrêmement féminine mais ni méchante, ni castratrice. La Lorelei de Monroe refuse de confirmer la construction hawksienne du « féminin ».

Beaucoup d'études sur les rapports entre un réalisateur et une star sont basées sur l'hypothèse que la star est un ensemble signifiant que le réalisateur entreprend de s'approprier. La série de films réalisés par Joseph von Sternberg avec Marlène Dietrich est souvent lue de cette façon , mais d'autres approches sont possibles. La *doxa* voit dans la star un pur véhicule pour les constructions fantasmatiques et l'esthétique formaliste du cinéaste. Ainsi, Marjorie Rosen dans *Vénus à la chaîne* voit dans ces films la « canonisation » de Dietrich « en tant qu'image idéale de Sternberg ». Claire Johnston va plus loin et défend l'idée que, loin de promouvoir l'idéal féminin d'un homme, les films Sternberg-Dietrich sont la dénégation de la présence de la femme ;

> Pour que l'homme reste au centre de l'univers dans un texte qui se focalise sur une image de femme, l'auteur doit évacuer l'idée de la femme comme un être social et sexué (son altérité) et dénier en même temps l'opposition homme/femme. La femme comme signe devient alors le pseudo-centre du discours filmique. L'opposition réelle posée par le film est entre le masculin et le non-masculin, que Sternberg établit par son utilisation des vêtements masculins qui enveloppent l'image de Dietrich. Cette mascarade signifie l'absence du masculin, une absence qui est en même temps niée et récupérée par le masculin. L'image de la femme n'est plus que la trace de l'exclusion et de la répression du féminin. (*Notes on Women's Cinema*, p. 26)

Qu'elle soit absente en tant que Dietrich ou absente en tant que femme, les deux interprétations de l'image de la star concordent avec les déclarations de Sternberg, citées par Tom Flinn dans son article « Joe, où êtes-vous ? » : « Dans mes films, Marlène n'est pas elle-même. Retenez ça : Marlène n'est pas Marlène. Je suis Marlène, elle sait cela mieux que quiconque. » (p. 9)

Comme Laura Mulvey le rappelle dans son article « Plaisir

visuel et cinéma narratif » :

> Sternberg a dit un jour qu'il serait tout à fait d'accord que l'on montre ses films à l'envers pour que ni l'histoire ni l'identification aux personnages n'interfèrent chez le spectateur avec la pure appréciation de l'image sur l'écran. Cette affirmation est révélatrice mais naïve : naïve, car ses films exigent que la figure féminine (Dietrich, dans le cycle de films qu'il a faits avec elle, en constituant l'exemple le plus parfait) soit identifiable[6].

Ceci suggère que malgré la tendance de Sternberg d'utiliser Dietrich comme un élément de son univers érotico-esthétique (« fétichiste »), Dietrich fonctionne quand même comme un élément signifiant autonome. C'est ce qui autorise Molly Haskell à mettre Dietrich dans la catégorie des stars féminines qui résistent au stéréotypage auquel elles sont soumises. Elle analyse ainsi Dietrich, en la comparant avec Jean Harlow et Mae West :

> Dans le rayonnement de sa beauté, Dietrich ressemble beaucoup à une déesse, mais elle refuse d'en être une ; elle refuse d'incarner les caractéristiques de l'amour et de la souffrance auxquelles un public de masse peut s'identifier ; elle refuse de prétendre, pour sauvegarder l'ego masculin, que l'amour ne peut mourir ou qu'elle n'aimera jamais que lui[7].

De la même façon, Tom Flinn mentionne en note :

> Dietrich elle-même est l'élément déterminant dans la création de « Dietrich », son apparence de détachement, son indépendance à l'égard des tabous sociaux – elle en fit la démonstration en s'appropriant à l'occasion la séduction masculine, parodiant le sexe « fort » sur lequel elle l'emportait invariablement, d'une manière ou d'une autre. (p. 14)

Ces interprétations – Dietrich comme un enveloppe vide pour l'érotisme formaliste de Sternberg, ou Dietrich résistant à la construction d'elle-même comme une déesse pour les rêves

---

[6] Traduction de Valérie Hébert et Bérénice Reynaud parue dans *CinémAction* n° 67, 1993, p. 20.

[7] *La Femme à l'écran*, op. cit., p. 109.

masculins – conceptualisent les films de Dietrich-Sternberg comme la conjonction ou la disjonction de deux « voix ». D'autres auteurs ont suggéré, par ailleurs, qu'on peut lire ces films comme l'expression de la relation affectivo-érotique entre la star et le cinéaste. Comme Jack Babuscio le remarque, on peut « sentir quelque chose comme une "affaire de cœur" entre Dietrich et son réalisateur » (*Gays and Film*, p. 51). Laura Mulvey analyse une caractéristique formelle de ces films qui va dans le même sens – l'absence ou la subordination, dans des films explicitement voyeuristes, d'un protagoniste masculin, alter-ego du cinéaste ou du spectateur masculin. La relation entre Sternberg et Dietrich comme star et comme personnage relève d'un voyeurisme direct, de lui sur elle, et le public est placé dans la même position que le réalisateur. Robin Wood va plus loin en suggérant qu'on peut voir dans ces films « une construction (...) qui correspondrait à l'évolution des sentiments de Sternberg sur leur relation. De *Shanghaï Express* à *L'Impératrice rouge* et enfin *La Femme et le pantin*, on peut constater une insistance de plus en plus grande sur l'impuissance de l'homme et sur le caractère impitoyable de la femme. » (*Personnal Views*, p. 113)[8]

En discutant de la question de l'auteur, j'ai voulu éviter le piège qui consiste à la penser en termes d'expression personnelle. Les problèmes théoriques liés à la notion d'expression de soi, sont, d'une part, que cela empêche d'admettre que toute expression, quelle qu'elle soit, « échappe » plus ou moins à ses auteurs individuels, et d'autre part cela suppose un sujet existant en-dehors du langage et avant lui, alors que tout sujet est formé dans et par le langage (bien que pas seulement par lui).

---

[8] Les films de Sternberg-Dietrich ont donné lieu depuis à un ouvrage remarquable qui renouvelle complètement l'interprétation en partant du concept d'esthétique masochiste, telle que Gilles Deleuze l'analyse à propos de *Vénus à la fourrure* de Sacher Masoch. Il s'agit de Gaylyn Studlar, *In the Realm of Pleasure: Von Sternberg, Dietrich and the Masochistic Aesthetic*, New York, Columbia University Press, 1988. (NDT)

BIBLIOGRAPHIQUE SÉLECTIVE

N.B. Seuls les ouvrages mentionnés par l'auteur ont été retenus, dans leur édition française quand elle existe.

1. Stars, généralités

ALBERONI Francesco, « L'Élite irresponsable : théorie et recherche sociologique sur le *divisme* », *Ikon*,. vol. 12 - 40/1, 1962, pp. 45-62

ALPERT Hollis, *The Dreams and the Dreamers*, Macmillan. New York. 1962.

BABUSCIO Jack, « Screen Gays », *Gay News* n° 73 (« Camp women ») ; n° 75 (« Images of masculinity ») ; n° 92 (« Sissies ») ; n° 93 (« Tomboys »).

__ , « Camp and the Gay Sensibility », in Dyer Richard (ed.) *Gays and Film*, British Film Institute, London, 1977.

BARTHES Roland, « La vedette, enquêtes d'audience? ». *Communications* n° 2 ; repris dans *Mythologies*, Seuil, Paris, 1970

BOORSTIN Daniel J., *L'Image*, (trad.), Paris, Julliard, 1963.

BRAUDY Leo, *The World in a Frame*, Anchor Press/Doubleday, Garden City, New York, 1976.

BURNS Elizabeth, *Theatricality*, Longman. London. 1972.

CLARK Danae, *Negotiating Hollywood : The Cultural Politics of Actor's Labour*, University of Minnesota Press, Minneapolis, 1995.

DYER Richard, « It's Being So Camp As Keeps Us Going », *Body Politic* (Torento), n° 36, Sept 1977, pp. 11-13.

FARINELLI Gian Luca et PASSEK Jean-Loup (dir.), *Stars au féminin – Naissance, apogée et décadence du star system*, Paris, Éditions du Centre Pompidou, 2000.

GRIFFITH Richard, *The Movie Stars*, Doubleday, New York, 1970.

HARRIS Thomas B., « The Building of Popular Image : Grace Kelly and Marilyn Monroe »,. *Studies in Public Communication* n° 1, 1957, pp. 45-48.

HASKELL Molly, *La Femme à l'écran, de Garbo à Jane Fonda*, (trad.), Paris, Seghers, 1977.

HESS Thomas B., « Pin-up and Icon », in Hess Thomas B. and Nochlin Linda (eds.), *Woman as Sex Object*, Newsweek, New York, 1972, pp. 223-237.

JOHNSTON Claire (ed.), *Notes on Women's Cinema*, Society for

Education in Film and Television, London, 1973 ; traduit partiellement dans Reynaud B. et G. Vincendeau (dir.), *Cinémaction* , « Vingt ans de théories féministes sur le cinéma » n° 67, 1993, pp. 157-162.

KING Barry, « The Social Significance of Stardom », manuscrit inédit, 1974.

KLAPP Orin E., *Heroes, Villains and Fools*, Prentice-Hall, Englewnod Cliffs, 1962.

LOWENTHAL Leo, « The Triumph of Mass Idols », in *Literature, Popular Culture and Society*, Prentice-Hall, Englewood Cliffs. 1961, pp. l09-140.

MCARTHUR Colin, « The Real Presence », *Sight and Sound*, vol. 36, n° 3, Summer 1967, pp. 141-143.

MEYERS Janet, « Dyke goes to the Movies », *Dyke* (New York), Spring 1976.

MILLS C. Wright, *L'Élite au pouvoir*, (trad.), Paris, Maspéro, 1969.

MORELLA Joe and EPSTEIN Edward Z., *Rebels – the Rebel Hero in Films,* Citadel, Secaucus, 1971.

MORIN Edgar, *Les Stars*, Seuil, Paris, 1957.

MORIN Violette, « Les Olympiens », *Communications* n° 2, pp.105-121.

MULVEY Laura, « Visual Pleasure and Narrative Cinema », *Screen.* vol. 16, n° 3, Autumn 1975. pp.6-18 ; traduit partiellement dans B. Reynaud et G. Vincendeau (dir.), *CinémAction* , « Vingt ans de théories féministes sur le cinéma » n° 67, 1993, pp. 17-23.

PERKINS V. F., *Film as Film*, Penguin, London, 1972.

ROSEN Marjorie, *Vénus à la chaîne*, (trad.), Paris, Éditions des femmes, 1976.

SHELDON Caroline, « Lesbians and film : some thoughts », in Dyer Richard (ed.), *Gays and Film*, British Film Institute, London, 1977, pp. 5-26.

SHILS E. A., « Charisma. Order and Status », *American Sociological Review* , n° 30, 1965, pp. 199-213.

SHIPMAN David, *The Great Stars – the Golden Years*, Hamlyn, London, 1970.

__, *The Great Stars – the International Years*, Hamlyn, London, 1972.

SICLIER Jacques, *Le Mythe de la femme dans le cinéma américain*, Cerf, Paris, 1956.

___, *La Femme dans le cinéma français,* Cerf, Paris, 1957.

TUDOR Andrew, *Image and Influence*, Allen & Unwin, London, 1974.

WALKER Alexander, *The Celluloid Sacrifice*, Michael Joseph, London, 1966; reprinted (new title. *Sex in the Movies*), Penguin, London, 1968.

___, *Stardom, The Hollywood Phenomenon*, Penguin, London, 1974.

WEBER Max, *On Charisma and Institution Building*, (ed. S.N. Eisenstadt), University of Chicago Press, Chicago and London, 1968.

WHITAKER Sheila, « The Rebel Hero », *Hollywood and the Great Stars Monthly* n° 8, pp. I0-13.

WOOD Robin, « Acting Up », *Film Comment*, vol. I 2. no. 2, March-April 1976, pp.20.25.

2. Stars, études de cas

ALPERT Hollis, « Marlon Brando and the Ghost of Stanley Kuwabki », *The Dreams and the Dreamers*, Macmillan. New York. 1962, pp. 40-61.

BABUSCIO Jack, « Screen Gays », *Gay News*, n° 79 (James Dean) ; n° 85 (Marilyn Monroe) ; n° 102 (Dick Bogarde) ; n° 104 (Montgomery Clift) ; n° 111 (Carmen Miranda).

BARTHES Roland, « Le visage de Garbo », in *Mythologies*, pp. 77-79, Paris, Seuil, 1957.

BEAUVOIR Simone de, « Brigitte Bardot et le syndrome de Lolita », *Esquire*, août 1959 ; traduit dans Claude Francis et Fernande Gontier, *Les Écrits de Simone de Beauvoir*, Gallimard, 1979, pp. 363-376.

BURDOCK Dolores, « Danger de mort : La femme hawksienne comme agent de destruction », (trad.) in Noël Burch (dir.), *Revoir Hollywood, La nouvelle critique anglo-américaine*, Paris, Nathan, 1993.

COOKE Alistair, *Douglas Fairbanks, The Making of a Screen Character*, Museum of Modern Art, New York, 1940.

COWARD Rosalind, « Madonna et Marilyn : les sex-symboles ont-ils une date limite de vente ? », (trad.), in in Reynaud B. et G. Vincendeau (dir.), *CinémAction* , « Vingt ans de théories féministes sur le cinéma » n° 67, 1993.

DALTON Elizabeth, *Women at Work : Warners in the Thirties.*

DYER Richard, « Four Films of Lana Tumer », *Movie* n° 25, pp. 30-52.

__ , « Resistance through charisma : Rita Hayworth and *Gilda* », in E. Ann Kaplan (ed.), *Women and Film Noir*, British Film Institute, London, 1978. pp. 91.99.

ECKERT Charles, « Shirley Temple and the House of Rockefeller », *Jump Cut,* n° 2, July-August, 1974, pp. 17-20.

FLINN Tom, « Joe, Where Are You? » (Marlene Dietrich), *The Velvet Light Trap*, n° 6, Fall 1972, pp. 9-14.

HANSEN Miriam, « Plaisir, ambivalence, identification : Valentino et les spectatrices », (trad.) in Reynaud B. et G. Vincendeau (dir.), *CinémAction* , « Vingt ans de théories féministes sur le cinéma » n° 67, 1993.

HASKELL Molly, « Partners in Crime and Conversion (James Cagney, Joan Blondell. Ann Sheridan) », *The Village Voice*, December 7th. 1972.

MCGILLIGAN Patrick, *Cagney : the Actor as Autor*, A. S. Barnes, South Brunswick, Tantivy, London, 1975.
MCLEAN Adrienne, *Being Rita Hayworth : Labor, Identity, and Hollywood Stardom,* Rutgers University Press, 2004.
PHILLIPS Alastair, « La séductrice française n° 1 : le cas de "Martine chérie" », *Iris* n° 26, Paris, automne 1998.
SCHICKEL Richard, *His Picture in the Papers*, (Douglas Fairbanks), Charter House, New York, 1974.
STUDLAR Gaylyn, *In the Realm of Pleasure: Von Sternberg, Dietrich and the Masochistic Aesthetic*, New York, Columbia University Press, 1988.
VINCENDEAU Ginette et Claude GAUTEUR, *Jean Gabin, anatomie d'un mythe*, Paris, Nathan, 1993.
VINCENDEAU Ginette, *Stars and Stardom in French Cinema*, Londres, Continuum, 2000 (traduction à paraître en 2004 aux éditions L'Harmattan).
YOUNG Tracy, « Fonda Jane », *Film Comment*, vol. 14, n° 2, March-April 1978, pp. 54-57.

3. Sources

BROUGH James, *The Fabulous Fondas*, W. H. Allen, London, 1973.
GELMAN Barbara {ed.), *Photoplay Treasury*, Crown Publishers, New York, 1972.
GRAHAM Sheila, *Scratch an Actor*, W.H. Allen, London, 1973.
GRIFFITH Richard, *The Talkies*, Dover, New York, 1971.
LEVIN Martin (dir.), *Hollywood and the Great Fan Magazines*, Arbor House, New York, 1970.
LUCAS Bob, *Naked in Hollywood*, Lancer Books, New York, 192.
LOOS Anita, *Les hommes préfèrent les blondes*, (trad.), Paris, Gallimard, 1982.
MAYER J.P., *Sociology of Film*, Faber & Faber, London, 1946.
SPRINGER John, *The Fondas*, Citadel, Secaucus, 1970.
ZOLOTOW Maurice, *Marilyn Monroe*, (trad.) Gallimard, 1961 ; reéd. 1992, Folio.

4. Cinéma, généralités

BASINGER Jeanine, « Ten That Got Away », in Kay Karyn and Peary Gerald (eds.), *Women and the Cinema,* Dutton, New York, 1977, pp. 61.72.

BAXTER John, *The Cinema of John Ford*, Zwemmer, London ; A. S. Barnes, New York, 1971.

BUSCOMBE Edward, « The Idea of Genre in the American Cinema », *Screen*, vol. 16, n° 2, pp. 33-45.

KITSES Jim, *Horizons West*, Thames and Hudson, London, 1969.

MCARTHUR Colin, *Underworld USA*, Secker and Warburg. London. 1972.

NEALE Steve, Genre, British Film Institute, Londres, 1980.

NICHOLS Bill (ed.), *Movies and Methods*, University of California Press, Berkeley, Los Angeles, Londres, 1976.

PLACE J. A. and PETERSON L. S., « Some Visual Motifs of *Film Noir* », *Film Comment*, vol. 10, n° 1, Jan-Feb 1974, pp.30-35 ; reprinted in Nichols Bill (ed.), *Movie and Methods*, University of California Press, Berkeley, Los Angeles, London, 1976, pp. 325-338.

WOLLEN Peter, *Signs and Meanings in the Cinema*, Secker & Warburg, London, 1969: reprinted with new conclusion, 1973.

WOOD Robin, *Personal Views*, Gordon Fraser, London, 1976.

5. Divers

BEAUVOIR Simone de, *Le Deuxième Sexe*, Gallimard, Paris, 1949.

CLETO Fabio (ed.), *Camp : Queer Aesthetics and the Performing Subject*, Edinburgh University Press, 1999.

DU MAURIER George, *Trilby*, Lausanne, L'Age d'Homme, 2000.

FRIEDAN Betty, *La Femme mystifiée,* (trad.), Paris, Gonthier, 1964.

GALBRAITH J. K., *L'Ère de l'opulence*, (trad.), Paris, Calman-Lévy, 1961.

HARVEY W.J., *Character and the Novel*, Chatto and Windus, London, 1965.

HOLLAND Norman N., *The Dynamics of Literary Response*, Oxford University Press, 1968 ; W.W. Norton, New York, 1975.

MARCUSE Herbert, *L'Homme unidimensionnel, essai sur l'idéologie de la société avancée*, (trad.), Paris, éditions de Minuit, 1968.

MCCARTHY Mary, « Characters in Fiction », *On the Contrary*, Noonday Press, New York, 1962.

MCLCAN Albert F. Jnr., *American Vaudeville as Ritual*, University of Kentucky Press, 1965.

RUOFF Jeffrey, *An American Family*, University of Minnesota Press, 2002.

SONTAG Susan, « Le style "Camp" : culture et sensibilité d'aujourd'hui », in *L'œuvre parle* (trad.), Paris, Seuil, 1968.

VEBLEN Thorstein, *Théorie de la classe des loisirs*, (trad.), Paris, Gallimard, 1979.

WATT Ian, *The Rise of the Novel*, Chatto and Windus, London, 1957 ; Penguin, London, 1963.

DE NOUVEAUX CONCEPTS POUR L'ETUDE DES STARS

par Paul McDonald

Actualisation de l'édition de 1998

Traduction de Jacqueline Nacache

LA STAR DANS L'HISTOIRE

En son temps, la publication de *Stars* correspondait à un intérêt collectif des chercheurs en cinéma pour toutes les questions liées à la signification sociale des représentations filmiques. Plus récemment, en réaction à ce que l'on a pu considérer comme *l'anhistoricité* d'une grande partie de ces travaux, des problématiques d'ordre historique ont de nouveau émergé. Ce mouvement a eu deux conséquences sur l'étude des stars : d'une part l'intérêt porté au cinéma des premiers temps a conduit certains historiens à réexaminer les origines du *star system* dans le cinéma américain ; d'autre part, plusieurs travaux ont exploré le rôle joué par le contexte social dans la production de la star comme processus signifiant.

Les origines du *star system* américain

Bien que le plus souvent associé au cinéma, le *star system* américain naît au théâtre. Il prend son origine, selon Benjamin McArthur, dans le passage, au cours du XIXe siècle, des compagnies théâtrales « à demeure » aux compagnies itinérantes. Les compagnies à demeure engageaient trente à quarante acteurs pour une saison de quarante semaines, produisant un vaste répertoire de pièces jouées, chacune sur une courte durée, dans un même établissement théâtral (*Actors and American Culture, 1880-1920*, p. 5-6). L'apparition du *star system* date des années 1820, lorsque des comédiens connus ont commencé à faire des tournées au cours desquelles ils jouaient le même rôle dans différentes villes, entourés chaque fois par une distribution composée de comédiens locaux. Selon Mc Arthur, ces tournées ont transformé le théâtre américain, car à la fin du siècle les compagnies à demeure avaient été progressivement remplacées par des compagnies itinérantes, qui tournaient dans les villes de province avec une unique pièce, portée par le nom d'une vedette (pp. 9-10). Dans ce système, il devint courant de classer les comédiens en fonction de leurs emplois, en distinguant notamment les « stars », les « jeunes premiers et premières », les « méchants », les « juvéniles » et les « excentriques » (pp. 11-16).

Une star ne peut être une star que si elle est connue et reconnue comme telle. Dans *Picture Personalities*, Richard deCordova montre que le *star system* commence, dans le cinéma américain des premiers temps, quand se mettent à circuler différents types d'information sur les gens qui jouaient dans les films. Ce que l'on savait d'eux s'ordonnait de façon à produire des configurations que deCordova nomme « le discours sur le jeu d'acteur », « la personnalité cinématographique », « la star » et « les scandales de stars ». Les premiers commentateurs de cinéma ne mentionnaient même pas la présence de personnes humaines sur l'écran, s'intéressant en priorité à la technologie, au pouvoir d'illusion propre aux films. DeCordova situe autour de 1907 les premiers exemples d'un discours qui se réfère au jeu et au travail de l'acteur. On considère habituellement l'accident de trolley dont fut victime Florence Lawrence en 1910 comme la première occasion où le nom d'une comédienne fut mentionné publiquement, mais deCordova cite également les compagnies Kalem et Edison qui, en 1909, diffusaient le nom des comédiens qui formaient leur troupe. En nommant les acteurs, on créait un lien entre des films distincts ; ainsi se constituait l'identité propre que deCordova appelle « personnalité cinématographique », expression qui désigne une personne uniquement connue pour ses rôles dans les films. Le terme « star » apparaît lorsque le commentaire s'étend à d'autres aspects de la vie de l'acteur. Si le discours sur le jeu et sur la « personnalité cinématographique » a permis de connaître la vie professionnelle des acteurs de cinéma, à partir de 1913 le discours sur la star permet d'accéder à sa vie privée. La distinction est importante pour la méthodologie des *star studies* : en employant sans discernement le mot « star » pour décrire tout acteur célèbre, on occulte le fait que, pour la plupart des acteurs connus, les seuls éléments d'information dont nous disposons sont fournis par leurs personnages filmiques.

À mesure que les producteurs prennent le contrôle du discours sur la star, les aspects de sa vie professionnelle et de sa vie privée se renforcent mutuellement ; l'objectif est de construire une image cohérente et non contradictoire, l'image professionnelle de la star donnant l'impression de refléter simplement sa vie privée. En 1921, une accusation de meurtre fut prononcée à l'endroit du très populaire comique Roscoe Fatty Arbuckle, après la mort suspecte, dans sa chambre d'hôtel, d'une jeune figurante du nom de Virginia Rappe. Arbuckle acquitté, sa carrière n'en fut pas moins brisée. Évoquant plusieurs autres scandales de ce genre, deCordova voit le « scandale de star » émerger comme un type de discours qui expose et problématise les contradictions. Le discours sur le scandale a un statut spécial, car il semble révélateur d'une vérité ultime que même le tissu serré des films et de la promotion ne peut pas masquer. Lorsque le scandale est de nature sexuelle, ce discours passe pour révéler une vérité plus secrète encore, puisqu'il montre la star comme un être doté de désir et d'appétits sexuels.

Le travail historique de deCordova remonte donc à l'origine de la dialectique public/privé mise à jour par Dyer dans les images de stars. L'étude des discours sur le jeu, la personnalité, la vie privée et le scandale, nous montrent à quel genre de connaissances sur les stars on pouvait accéder dans les débuts du *star system*. De plus, ces catégories fournissent des repères analytiques pour dessiner ce qui pourrait être une plus vaste histoire de la star de cinéma ; une telle histoire prendrait en compte l'évolution historique de ces différents discours, dont le contenu et l'équilibre peuvent se modifier de façon importante selon les acteurs et les époques.

Les stars dans leur contexte historique et culturel

Dans « Dyer Straits », Marian Keane reproche à Dyer, dans l'approche qu'il utilise pour déchiffrer les images de stars, de s'appuyer sur une conception toute faite de l'identité ; il laisserait ainsi de côté un point important : le fait que les sociétés dans lesquelles circulent les images de stars ont des conceptions différentes de l'identité. Cette critique est intéressante, car elle soulève la question du contexte culturel dans lequel s'inscrit l'image de la star, mais la solution proposée par Keane (se référer aux textes philosophiques qui construisent ces conceptions particulières) pose problème : il faudrait ainsi, pour comprendre la construction des images de star, des outils conceptuels de haut niveau, très éloignés des formes de pensée populaire que convoquent les spectateurs dans leur propre lecture des stars. De plus, la philosophie a tendance à poser les questions d'identité en termes universels, et le recours aux philosophes n'est donc pas *a priori* le meilleur moyen d'ancrer une image de star dans le contexte social, culturel et idéologique de son époque.

Du reste, Dyer a en partie répondu à cette objection avec son analyse de Marilyn Monroe dans *Heavenly Bodies* (voir la deuxième partie de cet ouvrage). Observant la popularité de Monroe dans les années cinquante, il s'appuie sur deux autres éléments, le lancement de *Playboy* et le rapport Kinsey sur le comportement sexuel des Américains, pour étudier la façon dont l'époque se représente la sexualité et la féminité. En croisant ces différentes sources (la promotion d'une star, un magazine mettant en avant une « philosophie » bien particulière, une enquête sociologique diffusée auprès du grand public), Dyer confirme non seulement que l'image de star se construit dans l'intertextualité la plus large, mais qu'elle peut impliquer des discours *a priori* très éloignés de leur domaine (le cinéma), et pourtant utiles lorsqu'il s'agit de comprendre la signification sociale d'une star dans une époque donnée.

Bien sûr, une telle entreprise de contextualisation fait toujours courir le risque d'écrire l'histoire des stars sur le mode simpliste d'une théorie du « reflet » : les sociétés changent, et les stars reflèteraient ces changements. Il faut donc trouver un point d'équilibre entre le général et le particulier ; entre les éléments permanents du discours sur les stars, et ceux qui sont propres au contexte singulier d'une époque. Encore convient-il pour cela de savoir ce qui définit et délimite un « contexte », et quels genres de contexte sont les plus pertinents pour l'étude d'une star. Voilà bien des difficultés, qui, sans condamner à l'échec une approche historique des stars, expliquent qu'une telle approche en soit encore à chercher sa voie.

CORPS DE STAR ET PERFORMANCE

L'identité comme croyance ou comme concept est une abstraction ; les stars, elles, font sens parce qu'elles donnent chair à ces notions insaisissables et métaphysiques. Leurs corps, et les actions accomplies par ces corps, rendent ces notions visibles et sont essentiels pour comprendre les potentialités sémantiques de la star.

Une culture incarnée

Les années quatre-vingt et quatre-vingt-dix virent l'apparition, dans le film d'action hollywoodien, de stars masculines au physique de culturiste comme Arnold Schwarzenegger, Bruce Willis, et Jean-Claude Van Damme. Dans *Spectacular Bodies*, Yvonne Tasker propose deux lectures possibles de ce phénomène. Une interprétation critique courante veut que le corps du héros masculin, dans le film d'action, soit l'affirmation d'une masculinité extrêmement forte, qui naturalise en quelque sorte le pouvoir physique de l'homme (p. 9). En revanche, selon des auteurs comme Barbara Creed, l'exagération délibérée des signes de la masculinité exhibe ce pouvoir comme fabriqué, artificiel, dépourvu de substance (voir « From Here to Modernity », p. 65). De fait, les publics réagissent de façon très différente au spectacle de ces corps musclés ; chez certains spectateurs leur force suscite l'admiration, chez d'autres elle provoque le rire. Par ailleurs, selon Tasker, ces héros ont des équivalents féminins : le même type de fonction narrative est assumé par des actrices comme Sigourney Weaver dans les trois premiers *Alien* (Ridley Scott, 1979 ; James Cameron, 1986 ; David Fincher, 1992) et Linda Hamilton dans *Terminator 2* (James Cameron, 1991), et leur statut héroïque passe aussi par l'affirmation de la force physique (*Spectacular Bodies*, p. 149). Pour Tasker, ces femmes au corps musclé bousculent les oppositions traditionnelles entre corps féminin et masculin.

Émergeant au cours des années quatre-vingt, ces nouvelles stars athlétiques montrent, par leur présence physique, que le corps fonctionne comme élément-clé des constructions culturelles. Elles appartiennent à une culture qui voit dans le développement physique une métaphore de l'esprit d'entreprise caractéristique des années Reagan et de la révolution « yuppie ». Dans *Perfect* (James Bridges, 1985), Jamie Lee Curtis, que l'on a surnommée « *the body* » (le corps), est une ex-championne olympique de natation devenue monitrice d'aérobic, et son corps est non seulement un mécanisme dans la dynamique narrative, mais une image de la culture « *fitness* » qui s'est imposée avec agressivité au cours de la décennie. Des développements récents dans la sociologie du corps ont analysé les changements du corps comme un fait social (voir par exemple Featherstone, Hepworth et Turner, *The Body* ;

Shilling, *The Body and Social Theory*). Bryan S. Turner propose le concept de *société somatique*, c'est-à-dire « une société qui formule ses problèmes politiques majeurs à travers le traitement du corps » (*The Body and Society*, p. 1). Dans une telle perspective, on peut voir les stars comme une incarnation de la culture au sens propre du terme.

Si les films d'action peuvent être évidemment décrits comme un « genre physique », le désir d'étudier ces stars au corps idéal ne doit pas faire oublier qu'on trouve, dans les films, bien d'autres variations sur les formes physiques. Comment interpréter l'obésité de John Candy, par exemple, dans le domaine dela comédie ? En quoi l'obésité est-elle comique, et quel genre de comique peut-elle légitimement véhiculer ? Dans *Docteur Jerry et Mr. Love* (Jerry Lewis, 1963), un savant boutonneux se transformait en *crooner* de boîte de nuit ; dans le remake de Tom Shadyac (*Professeur Foldingue*, 1996) avec Eddy Murphy, un professeur obèse devient un svelte playboy. Les deux films jouent sur la gamme très large des capacités physiques de leurs stars ; mais, en comparant les deux interprétations, on constate que ces différences mettent également en jeu des préjugés raciaux sur la sexualité du corps noir. En étudiant les stars, on peut donc mettre à jour les différentes incarnations de la culture que proposent les films.

Action, jeu, stars et acteurs

Une des limites du travail de Tasker est qu'elle identifie les muscles comme signe, mais n'analyse pas dans le détail ce que font ces muscles ; ce qui revient à priver le film d'action de son élément essentiel, l'action. Le corps musclé n'a pas seulement un potentiel d'action, il est constamment montré *en action*. Considérer le corps comme signe ne doit pas empêcher de le voir comme source de multiples actions, lesquelles font aussi partie des significations du corps. Par exemple, les séquences de combat dans *Opération Dragon* (Robert Clouse, 1973) ne montrent pas seulement le corps de Bruce Lee comme tonique et puissant, mais soulignent également sa souplesse, sa rapidité, la fluidité et la précision de ses mouvements. Avec chaque action, par son rapport à l'espace et au temps, le corps de Lee exprime sa façon d'être au monde. Étudier les stars comme des corps en mouvement suppose une analyse attentive de la performance d'acteur. Lorsqu'elles jouent, les stars incarnent des personnages en se servant à tout moment de leur corps et de leur voix ; pour dégager le sens de ces micro-actions, on peut se référer à la proposition de Valentin Nikolaevic Volosinov, lorsqu'il étudie la capacité du corps à produire ce qu'il appelle des « bribes idéologiques » (*Marxism and Philosophy of Language*, p. 92). Par exemple, dans la scène d'ouverture du *Silence des agneaux* (Jonathan Demme, 1991), on voit Jodie Foster, dans le rôle de Clarice Starling, faire du jogging. Son souffle rapide, ses cheveux humides de sueur, sa foulée régulière et ses dents serrées établissent immédiatement l'aspect persévérant et résistant de son personnage, qualités que le récit, par la suite, ne fera que confirmer. Sur le plan idéologique, ces micro-actions servent déjà à indiquer une « disposition » qui doit être celle de la Loi, si elle veut faire échec aux menaces d'ordre physique, psychologique et sexuel qui sont exprimées dans l'intrigue. Pour James Naremore, le cinéma produit un « cadre de jeu » qui ne se réduit pas aux limites d'un plan, mais établit aussi une séparation entre le monde extraordinaire du film et le monde ordinaire des spectateurs (*Acting in the Cinema*, p. 14). Ainsi toute figure qui apparaît sur l'écran est immédiatement arrachée au quotidien et comme chargée de sens ; ce qui conduit souvent à un abus du terme de « star », dans la mesure où le cadre de jeu, à lui seul, semble suffire à conférer un statut de star à n'importe quel acteur. Richard Maltby propose, quant à lui, de distinguer deux formes principales de jeu : soit l'acteur est complètement intégré dans la fiction dramatique, soit il semble se tenir en marge de cette fiction, garder une sorte d'autonomie par rapport à l'environnement et aux autres acteurs (*Hollywood Cinema*, p. 256). Ce jeu « autonome » vient renforcer le statut exceptionnel de la star. Dans les deux séquences de *Pretty Woman* (Gary Marshall, 1990) qui se déroulent sur Rodeo Drive, le montage, la lumière et les regards de tous les personnages sont agencés de façon à faire de Julia Roberts, dans le rôle de Vivian, le centre de l'attention. Quand Roberts/Vivian descend l'avenue à la fin de la seconde séquence, elle est filmée de près, la caméra reculant à vive allure pour rester au rythme de son pas. Le son, extra-diégétique, est composé d'une chanson « pour » Vivian (« Pretty Woman », de Roy Orbison), et tous les figurants présents dans le plan se tournent pour l'admirer.

Tout, en somme, vient confirmer que Vivian est bien la « jolie fille » du film, et que Roberts en est la star autonome.

Cette impression d'autonomie peut également être produite lorsque l'acteur est masqué ou dans l'ombre. Dans *Apocalypse Now* (Francis Ford Coppola, 1979), tout le récit converge vers la scène finale entre Martin Sheen dans le rôle de Willard, et Marlon Brando dans le rôle de Kurtz. Dans un face-à-face préparé avec soin, Brando/Kurtz peut être entièrement dans l'obscurité sans que cela affecte sa valeur signifiante en tant que star. Là où l'autonomie de Julia Roberts était produite par une mise en valeur de la star comme un spectacle éblouissant, le même résultat est obtenu, pour Brando, par un retrait qui va jusqu'à l'anti-spectacle. Son discours sur les villageois vietnamiens est débité sur un ton pesant, qui montre comment la voix de la star conditionne le rythme d'ensemble du film. Si l'on ajoute à cela les anecdotes sur les improvisations auxquelles se livrait Brando (Peter Manso, *Brando*, p. 843), la scène confirme que l'autonomie de la star, et le pouvoir que cela lui confère, viennent en grande partie de son contrôle du corps et de la voix.

Barry King établit une autre distinction concernant le jeu entre ce qu'il appelle la composition et l'incarnation (*Articulating Stardom*, p. 42). Dans la composition, l'acteur transforme son corps et sa voix, les mettant au service des personnages qu'il interprète et de leur environnement. Meryl Streep, par exemple, est bien connue pour les accents différents qu'elle a adoptés dans *La Maîtresse du lieutenant français* (Karel Reisz, 1981), *Le Choix de Sophie* (Alan J. Pakula, 1982), *Le Mystère Silkwood* (Mike Nichols, 1983) et *Out of Africa* (Sydney Pollack, 1985). À l'inverse, les prestations d'Arnold Schwarzenegger dans *Predator* (John McTiernan, 1987), *Jumeaux* (Ivan Reitman, 1988), et *Terminator 2* témoignent de nombreuses similitudes dans l'usage du corps et de la voix. Son travail d'incarnation valorise avant tout la continuité de l'image de la star, celle-ci prenant le pas sur les différences qui existent entre les personnages.

Si l'on peut dire de tout acteur de cinéma qu'il « joue » lorsqu'il est à l'écran, le respect qu'on lui accorde ou non en tant qu'acteur dépend surtout de la façon dont il aborde la question du jeu. En travaillant son accent dans les films déjà cités, Streep montre le grand cas qu'elle fait du travail de comédienne ; chaque nouvel accent est justifié par le souci d'inscrire avec réalisme le personnage dans son contexte. Ce talent reçoit une reconnaissance officielle avec une nomination aux Oscars pour chacun de ces rôles dans la catégorie « Meilleure Actrice », et un Oscar pour le rôle de Sophie Zawistowska en 1982. Pour Schwarzenegger, en revanche, bien que chacun de ses films se déroule dans un cadre fictionnel, les faibles différences d'une prestation à l'autre conduisent souvent les critiques à dire qu'il ne joue pas, puisqu'il ne joue « que lui-même ». Sa fortune personnelle et le produit des recettes de ses films sont considérablement plus élevés que ceux de Streep, et pourtant il n'a pas encore reçu le moindre Oscar pour son travail d'acteur. Ce manque de reconnaissance peut traduire tout simplement le fait qu'il apparaît comme un mauvais acteur ; à un autre niveau, l'exclusion dédaigneuse de Schwarzenegger peut être évaluée comme l'expression d'une opposition fréquente dans le domaine des productions culturelles, qui veut que le profit soit perçu comme l'antithèse de l'art (voir Pierre Bourdieu, « Le champ de la production culturelle »). L'effet d'incarnation, chez Schwarzenegger, tout comme ses revenus énormes, confortent son image de star et le mettent en dehors de la sphère artistique raffinée qu'incarne Streep. En outre, la musculature spectaculaire du héros de film d'action permet de l'associer à une culture du travail manuel, alors que dans le champ de la production culturelle, le « génie » artistique, quelle que soit la forme sous laquelle il se manifeste, y compris celle d'un talent de comédien, est globalement rattaché à la sphère intellectuelle. Les transformations vocales de Streep ont un statut culturel qui est dénié aux prestations physiques toujours identiques à elles-mêmes de Schwarzenegger. Lui ne propose jamais l'image d'un acteur, alors que Streep, tout en convoquant ses qualités de comédienne pour incarner son personnage, s'arrange pour garder un certain nombre de traits reconnaissables à travers la diversité de ses rôles ; cela met son image à mi-chemin entre celle d'une comédienne dévouée à sa profession et celle d'une star autonome. Ainsi, les différentes façons de jouer au cinéma renvoient non seulement à des constructions culturelles de l'identité, mais aussi à la manière dont chaque culture conceptualise les différentes légitimités professionnelles des stars et des acteurs.

STARS ET PUBLICS

Dire que les stars sont des images signifiantes, cela suppose un public pour recevoir et comprendre ces significations. Pam Cook, dans *Stars Signs*, reproche à *Stars* d'étudier les stars comme des textes, sans prêter attention à la façon dont les images de stars construisent les plaisirs et les fantasmes des spectateurs. Chaque fois que la question du public est posée dans les études cinématographiques, celui-ci est théorisé comme « spectateur » (cf. Judith Mayne, *Cinema and Spectatorship*). Le fait que le spectateur soit une identité construite exclusivement par le film à travers l'organisation des regards, pose problème. D'abord parce que cela suggère que le cinéma est un plaisir uniquement visuel, et ne tient pas compte de ses effets sonores ; et, plus grave encore, le spectateur est présenté comme le produit passif de significations prédéterminées par les films. S'il est évident que le texte filmique construit des positions qui tentent de limiter les interprétations possibles, les spectateurs, de leur côté, réagissent activement, dans toute leur diversité d'individus.

Alors que les théories du spectateur ont dominé les études cinématographiques, des pistes nouvelles ont été ouvertes par des chercheurs travaillant sur les publics de la télévision (cf. Shaun Moore, *Interpreting Audiences*). Ces études ont montré qu'un réseau de relations sociales très larges – au travail, dans la famille – influence la façon dont les gens regardent la télévision. Par exemple, étudiant les réactions d'une famille londonienne qui regarde un enregistrement vidéo de *Rocky III* (Sylvester Stallone, 1982), Valerie Walkerdine associe l'identification du père à Sylvester Stallone à un double facteur : la position de délégué syndical qu'il occupe dans son travail, et le sentiment qu'il a de « se battre pour sa famille » (« Video Replay »). L'identification n'apparaît plus alors comme une position unique construite par le texte filmique, mais comme le résultat d'une multiplicité de comportements sociaux[1]. Bien qu'actuellement les théories du

[1] Le texte original précise ici que dans ce chapitre, le terme « *moviegoer* » (personne qui va au cinéma) sera utilisé de préférence à celui de « *spectator* », parce qu'il suggère que le fait d'aller au cinéma n'est qu'une des nombreuses activités sociales qui instaurent des relations entre stars et publics. La nuance étant impossible en français, « spectateur » est employé dans tous les cas.

spectateur restent dominantes, on commence peu à peu à étudier la signification des stars par rapport à la vie quotidienne des gens qui regardent des films.

Stars et spectateurs

Un texte fondamental pour la théorie du spectateur est l'essai de Laura Mulvey intitulé « Plaisir visuel et cinéma narratif », dans lequel elle montre, à l'aide de concepts psychanalytiques, que le cinéma narratif classique organise un réseau de regards centré sur la femme comme spectacle ; pour Mulvey, ce réseau est organisé en fonction d'une conception dominante du désir, masculin et hétérosexuel. Tous les aspects de cette théorie ont suscité des critiques. Au niveau simplement empirique, pour commencer : le film narratif offre également sans cesse au regard le corps masculin, et inclut des échanges de regards entre hommes. Steve Neale montre que ces échanges sont volontairement chargés de menace et d'agressivité, afin que soit atténué leur érotisme potentiel (« Masculinity and Spectacle », p. 14). Richard Dyer soulève un point similaire, lorsqu'il souligne que les regards des *pin-up* masculines sont agencés, à l'image, de façon que ces acteurs ne soient pas perçus comme objets érotiques (« Don't look now », pp. 63-66).

Dans son analyse de *Pique-Nique* (Joshua Logan, 1955), Steven Cohan estime que le film construit bien un regard qui érotise le corps de William Holden, mais ce regard contredit en partie l'image de la star (« Masquerading as the American Male in the Fifties »). Dans nombre de scènes, Holden, dans le rôle de Hal Carter, retire ses vêtements et révèle son physique d'athlète. Toutes les femmes qui composent la distribution, Kim Novak (Madge Owens), Betty Field (Flo Owens) et Rosalind Russell (Rosemary Sidney) manifestent leur reconnaissance de ce corps comme objet érotique, et Holden se trouve ainsi placé dans une position que les codes établissent, conventionnellement, comme féminine. Pourtant, selon Cohan, d'autres éléments dans l'image de Holden – son côté « 100 % Américain », son attitude souvent désinvolte par rapport à son travail de comédien, enfin les anecdotes sur les cascades dangereuses qu'il accomplit volontiers devant ses amis – visent au contraire à combattre ce statut d'objet sexuel, et à établir le caractère « réel » de sa virilité (pp. 63-64).

L'usage que fait Laura Mulvey de Freud et de Lacan la conduit à conclure que le regard mâle produit un plaisir voyeuriste d'ordre sadique. Gaylyn Studlar, pour sa part, estime que la fétichisation du corps féminin peut produire une autre forme de plaisir, lié à une relation masochiste entre l'homme spectateur et la femme actrice. Le voyeurisme sadique résulte d'une identification oedipienne avec le père et du refoulement du rapport à la mère. S'appuyant sur les travaux de Gilles Deleuze, Studlar suggère que le masochisme est une formation pré-oedipienne, où le lien originel avec la mère est conservé (« Masochism, Masquerade, and the Erotic Metamorphoses of Marlene Dietrich », p. 233). Dans la mesure où ce lien provoque une résistance au pouvoir symbolique du père, Studlar y voit un défi à la construction sociale de la différence des sexes telle qu'elle s'opère dans la version masculine de l'Œdipe.

Studlar considère le masochisme masculin comme la clé pour comprendre l'allure et le pouvoir de Marlène Dietrich. Dans certains des films qu'elle a tournés avec Joseph von Sternberg, les personnages qu'elle interprète exercent sur les hommes un attrait auquel il leur est impossible de se soustraire. Ainsi, dans *L'Ange bleu* (1930), le professeur Rath (Emil Jannings) est une victime consentante, détruit par son propre désir plus que par Lola-Lola (p. 237). Dietrich ajoute à ce schéma masochiste la sensualité hautaine qui lui est propre, et qui représente son indifférence au désir masculin (p. 237). La narration et l'image de la star se conjuguent pour érotiser Dietrich, tout en indiquant l'impossibilité pour quiconque de la « posséder ». Alors que le voyeurisme sadique place le spectateur dans une position de domination et assigne la femme à un statut passif d'objet, le masochisme masculin permet en dernier ressort à la victime de garder le contrôle du contrat masochiste, en exigeant du dominant qu'il se soumette au désir de la dominée ; mais cette relation ne peut fonctionner que dans le cas où la femme est admirée et révérée autant qu'elle est désirée et crainte.

Depuis l'article polémique de Mulvey, de nombreux commentateurs ont tenté de conceptualiser la femme-spectatrice et le plaisir qu'elle éprouve à regarder des stars. Selon Studlar, les films de Sternberg-Dietrich, dans la mesure où aucun protagoniste masculin actif ne joue le rôle de médiateur par rapport au spectateur, offrent à la spectatrice la possibilité de contempler directement la star et de la désirer (p. 248).

Miriam Hansen a suggéré que l'image de star de Rudolf Valentino a déstabilisé les formes conventionnelles de regard au cinéma, car il est toujours placé dans la position de quelqu'un qui non seulement regarde, mais est regardé (« Pleasure, Ambivalence, Identification : Valentino and Female Spectatorship »). Valentino a tenu des rôles dans lesquels il était à la fois le maître sadique et la victime masochiste, construisant ce que Hansen nomme une « ambivalence ». La féminisation de Valentino déstabilise les constructions traditionnelles de la domination masculine, et encourage les spectatrices à s'identifier à lui autant qu'à le désirer.

Toute théorie du spectateur, et c'est là sa plus sérieuse limite, émet des hypothèses sur la position des spectateurs sans vérifier si ils ou elles occupent effectivement cette position. À cette objection, on a répondu que la notion de « spectateur » n'est pas censée rendre compte des réactions et des lectures effectives du public : « la spectatrice est un concept, pas une personne », remarque Mary Ann Doane dans un article sans titre publié dans *Camera Obscura* (p. 142). Pourtant, les travaux existant dans ce domaine semblent bien voir le spectateur comme une personne, et il est important, si ces études veulent avoir quelque valeur critique, qu'elles ne le réduisent pas seulement à une position.

Rôle de la star dans la vie quotidienne

Allant dans ce sens, Jackie Stacey a fait passer des annonces dans des journaux féminins et mené une enquête sur la façon dont les femmes britanniques réagissaient aux stars des années quarante et cinquante (*Star Gazing*). Son analyse des réponses révèle des comportements d'évasion, d'identification et de consommation. Dans l'Angleterre rationnée de la guerre et de l'après-guerre, les films américains représentent un moyen de s'évader dans un monde de confort et d'opulence ; par comparaison avec les stars britanniques de la Rank telles que James Mason ou Margaret Lockwood, les stars américaines offrent une forme plus satisfaisante de « glamour », dont elles semblent être, par leur comportement, les représentantes privilégiées.

Les spectatrices interrogées par Stacey décrivent leur

identification avec les stars de façons très diverses. Certaines évoquent le culte qu'elles leur vouent, comme à des êtres lointains et inaccessibles ; d'autres, tout en reconnaissant ce qui les sépare de leurs idoles, sont bien décidées à réduire cet écart, en adhérant aux valeurs représentées par la star : séduction féminine, aisance et confiance en soi face à toutes les situations. Ce type d'identification qui construit la star comme un « moi » idéal ne se limite pas au moment du spectacle cinématographique et peut influencer la vie quotidienne, certaines spectatrices prenant des initiatives pour se transformer et ressembler à leur modèle. Ainsi, dans leur enfance, certaines ont inventé des jeux où elles incarnaient leur star favorite ; plus tard, il s'agissait de cultiver la ressemblance avec une star, d'imiter ses attitudes, son style, etc.

Le film hollywoodien était aussi partie prenante de l'économie de consommation américaine, en se faisant la vitrine d'un certain nombre de produits de luxe, parfois rendus accessibles au public sous forme d'imitations, par exemple les robes de Joan Crawford dans *Captive* (Clarence Brown, 1932). De nombreux films comportent des séquences de défilés de mode, construisant la femme comme consommatrice (voir Charles Eckert, « The Carole Lombard in Macy's Window » ; Charlotte Herzog, « Powder Puff Promotion »). Jackie Stacey note que le style des stars place les spectatrices britanniques dans un discours contradictoire. En admirant cette élégance, elles ne souscrivent pas simplement à un spectacle destiné à éveiller le désir masculin, mais manifestent une résistance aux difficultés matérielles qui sont leur lot quotidien à l'époque. De plus, étant donné les restrictions, elles vont au-delà de la valeur d'incitation à la consommation propre au film, en fabriquant leur propre version des modèles admirés. Ces économies créatives ont soulevé beaucoup d'intérêt dans le champ des études sur les fans (voir John Fiske, « The Cultural Economy of Fandom »). Pour reprendre la notion de « *poaching* » [braconnage] utilisée par Henry Jenkins (*Textual Poachers*), les spectatrices interrogées par Stacey ont « braconné » sur le terrain des stars ; par ce type d'action, les fans « construisent leur identité culturelle et sociale en empruntant et en détournant les images de la culture de masse, exprimant ainsi des préoccupations qui n'émergent que très rarement dans le champ des médias dominants » (p. 23).

Stars et cultures minoritaires

Le fait que l'identification à une star permette de résister à la culture dominante en fait des signifiants de première importance pour des groupes minoritaires. Andrea Weiss et Richard Dyer, notamment, ont analysé la signification de certaines stars dans les milieux homosexuels ; tous deux voient dans les images de Marlene Dietrich, Greta Garbo et Judy Garland une partie du capital culturel où le public gay et lesbien a puisé son identité en détournant la culture hétérosexuelle. Weiss décrit la façon dont Dietrich et Garbo sont devenues des stars chargées de sens pour les lesbiennes dans l'Amérique des années trente, période pendant laquelle commençait à émerger, dans les grandes villes, une culture lesbienne des classes moyennes blanches (*Vampires and Violets*, pp. 35-36). La valeur symbolique des deux actrices venait, selon Weiss, des rumeurs qui circulaient dans le milieu lesbien au sujet de leur vie sexuelle, des rapports ironiques qu'entretenaient leurs personnages filmiques avec l'institution du mariage, ainsi que de leur anticonformisme vestimentaire (p. 32-39). Les deux stars jouèrent un rôle important dans l'émergence de la culture lesbienne ; non seulement elles étaient désirables, mais elles fonctionnaient comme représentations publiques d'une « vérité » qui n'était pleinement accessible qu'aux membres du groupe culturel en question.

Dans *Heavenly Bodies*, Richard Dyer analyse la signification de l'image de Judy Garland dans la culture gay. L'image de Garland célèbre les valeurs familiales de la culture hétérosexuelle dominante, une sorte de bienheureuse normalité que contredit le récit de la vie privée de la star. La normalité de Garland n'était donc qu'une comédie (p. 159). Comme Dietrich et Garbo, Garland a également mélangé les styles vestimentaires pour cultiver une apparence androgyne (p. 169-177). Mais l'androgynie de Garland suggérait que la différenciation entre féminité et masculinité, loin d'être quelque chose de profond et de naturel, était construite par l'apparence. Ses rôles dans des films de V. Minnelli comme *Ziegfeld Follies* (1945) et *Le Pirate* (1948) tournent autour de la théâtralité et de la révélation de l'artifice ; c'est à partir de ce jeu sur les apparences, selon Dyer, que l'image de Garland peut être lue comme « *camp* » (p. 178). Garland n'a pas représenté directement un style de vie homosexuel, mais sa normalité paradoxale et son androgynie mettent en œuvre le jeu entre l'être et le paraître, et problématisent les définitions du genre (*gender*) et de la sexualité d'une façon qui se prête aisément à une lecture homosexuelle.

LE TRAVAIL D'ETRE STAR

Les images des stars au travail

À plus d'un égard, la séparation pratiquée par les *star studies* entre consommation et production reflète une division similaire dans le *star system* ; en effet, alors que les stars fournissent un travail réel, les discours qui les concernent s'y réfèrent toujours comme à des gens qui mènent à la ville des existences plus ou moins fabuleuses. Elles continueront à être perçues comme des idoles de la consommation tant qu'on les imaginera uniquement occupées à se bronzer sur des yachts, prendre soin de leur beauté, rencontrer et épouser des gens qui leur ressemblent, payer des divorces ruineux et trouver le temps et l'argent nécessaires pour se dévouer à des causes charitables. Dans une large mesure, la vie d'une star est encore perçue comme ce que Leo Lowenthal décrit comme un « loisir organisé » (« The Triumph of Mass Idols », p. 121).

Le discours sur les stars dont Richard deCordova notait l'émergence en 1907 se poursuit aujourd'hui dans des articles qui construisent des images du travail des stars. Les différentes façons dont ce travail est représenté engendre des inégalités professionnelles entre les comédiens ; le plus souvent, le travail des stars accède à la visibilité, tandis que celui des interprètes « inconnus » passe inaperçu. De plus, le discours sur le jeu contribue à la perception du travail de l'acteur comme plus ou moins légitime. Ainsi, la campagne publicitaire du film *Heat* (Michael Mann, 1996) a beaucoup insisté sur la double présence d'Al Pacino et Robert De Niro, présentés comme « les meilleurs acteurs de leur génération ». *Sight and Sound*, la revue du British Film Institute, a consacré un article, peu après la sortie du film, à la grande scène qui confronte les deux stars dans un café ; l'article était accompagné du scénario annoté par Mann lui-même, concernant notamment le sous-texte des deux personnages.

Ces notes sont publiées sans aucun commentaire, comme si elles étaient parfaitement explicites. Or leur peu de cohérence suggère surtout la complexité psychologique du travail demandé à des acteurs comme Pacino et De Niro.

En juin 1996, le magazine *Empire*, qui se prétend « le magazine de cinéma le plus vendu en Angleterre », publie un article de sur Sharon Stone à l'occasion de *Diabolique* (Jeremiah Chechick, 1996), le *remake* du film de Henri-Georges Clouzot ; les méthodes de la star pour se préparer au tournage y sont racontées sur un ton sarcastique et tournées en ridicule. Quelques mois auparavant, la nomination de Stone à l'Oscar de la Meilleure Actrice pour *Casino* (Martin Scorsese, 1996) avait suscité une certaine surprise. L'article de Dawson dans *Empire* reconnaît la respectabilité culturelle du réalisateur Martin Scorsese et de la star De Niro (p. 96), et en conclut avec ironie que Stone est une actrice « sérieuse », puisque « ses nouveaux camarades de jeu, "Marty" et "Bobby", ne sont pas n'importe qui ». Plus loin, le journaliste se moque du fait que Stone ait emporté avec elle sur le plateau sa collection complète des œuvres de Platon, soulignant qu'il s'agit de « l'accessoire idéal pour mettre en valeur un petit ensemble rétro, mon chou » (p. 97), et il se demande si « elle aura l'occasion de lire dans sa limousine », sachant que quelques centaines de mètres seulement séparent le plateau de sa loge. Ces remarques, et d'autres du même style, sapent complètement le travail de Stone en tant qu'actrice, la montrant uniquement occupée à « faire la star ». En tant que star, Stone est censée évoluer dans un monde d'oisiveté, même quand elle travaille. Il est donc clair que les discours portant sur le travail des stars ne se contentent pas de décrire leur activité dans les films, mais ont également pour objectif d'instaurer, entre les comédiens, des hiérarchies et des relations de pouvoir, qui se fondent sur l'appréciation de leur légitimité artistique.

Le *star system*

Parler de *star system*, c'est prendre en compte la façon dont le travail des stars est influencé par l'aspect commercial du travail d'acteur et l'organisation économique de la production cinématographique. Comme le rappelle Barry King, l'un des facteurs qui limitent le pouvoir économique des stars est l'afflux continu de nouveaux venus sur le marché (« Articulating Stardom », p. 46). Le *star system* est nécessairement influencé par le grand nombre de comédiens qui ne bénéficient pas du statut de star. Décider de sa carrière n'est facile pour aucun acteur de cinéma ; à la différence d'autres domaines professionnels, il n'y a aucun moyen fixe et garanti de devenir comédien. Travailleurs en principe *free lance*, les acteurs sont, paradoxalement, très dépendants des agents artistiques, des agences de casting et des syndicats, qui assurent une médiation entre le comédien et l'industrie du cinéma. Pour se tenir au courant et progresser dans la compétition, il est vital d'entretenir des contacts avec le milieu. Anne K. Peters et Muriel G. Cantor notent que beaucoup d'acteurs passent une grande partie de leur temps de travail, non rémunéré, à « apprendre à jouer la comédie, chercher des agents, faire des séances de casting, entretenir leur forme physique, chercher à établir des contacts avec d'autres acteurs ou avec des personnes influentes dans la profession » (« Screen Acting as Work », p. 60). Dès lors qu'on considère le grand nombre d'acteurs qui ne gagnent pas leur vie en jouant, mais passent de longues périodes à faire des travaux alimentaires, le *star system* peut aussi bien inclure des tâches aussi diverses qu'un emploi de secrétaire, d'hôtesse ou de livreur de pizzas.

Dans un métier où tant de monde cherche du travail, le statut de star semble précaire, et la star toujours remplaçable. Cependant une star peut faire état de sa valeur propre, en cultivant ce que King appelle son « équation personnelle » : une image individuelle, formée à partir d'un ensemble singulier de significations dont la valeur, sur le marché, ne peut s'échanger contre aucune autre.

Pour Emanuel Levy, le statut de star repose sur un paradoxe fondamental entre une situation de base apparemment égalitaire (tout le monde peut devenir star de cinéma) et une structure fortement stratifiée (seuls quelques comédiens atteignent effectivement ce statut) (« The Democratic Elite », p. 49). Un échantillon de stars américaines entre les années trente et les années quatre-vingt montre qu'elles peuvent venir de tous les milieux « ethniques », mais que les Afro-Américains sont sous-représentés (p. 39). Les privilèges de classe ne paraissent pas non plus jouer un rôle déterminant, et la plupart des stars ne doivent pas leur succès à un niveau élevé d'instruction (pp. 41-45). Quant à l'origine sociale des acteurs faisant partie de cet échantillon, elle suggère que tout le monde peut appartenir à « l'aristocratie » des acteurs de cinéma. Si l'on conjugue toutes ces données avec le fait que la star ne deviendra star que grâce à une large popularité auprès du public, il en ressort que les stars constituent effectivement une « élite démocratique ». Dans la mesure où elle incarne des valeurs de « mouvement vers le haut, de compétitivité, de succès financier et de réalisation d'un objectif personnel », l'élite des stars incarne selon Emanuel Levy le « rêve américain » (p. 52). Cette image de la star comme pouvant être « partie de rien » est très importante, car elle occulte les conditions d'exploitation du *star system*, tout en suggérant avec optimisme que les chances de succès qui assurent la reproduction de ce système sont également réparties.

Dans le cinéma hollywoodien, le « *studio system* » des années trente et quarante est issu de la concentration du pouvoir par cinq grandes compagnies (les « *majors* », Warner Bros., Loew's/MGM, Paramount, RKO et 20th Century Fox) et trois plus petites (les « *minors* », Universal, Columbia et United Artists). Les cinq *majors* ont affermi leur position par leur système d'intégration verticale, qui leur ont permis de maîtriser production, distribution et exploitation. L'usage, à l'époque, était le contrat de sept ans, qui faisait de la star la propriété du studio pendant cette période. Jane M. Gaines voit les contrats des stars comme une négociation entre la star et l'industrie, qui donne des informations sur la propriété légale et le contrôle de l'image de la star (*Contested Culture*, pp. 143-174). Ces contrats autorisaient les studios à tirer profit des stars de façon souvent abusive ; pendant cette période, les stars sous contrat pouvaient être prêtées par un studio à un autre. Les contrats indiquaient également dans quelles conditions les stars pouvaient être suspendues. Jack Warner était connu pour faire un usage disciplinaire de cette clause : il distribuait des acteurs très chers dans des rôles qui ne leur convenaient pas du tout et dont il était certain qu'ils les refuseraient, ce qui l'autorisait ensuite à les suspendre. Les stars n'étant pas rémunérées pendant les périodes de suspension, et celles-ci n'étant pas prises en compte dans le contrat, ces méthodes permettaient des économies substantielles sur les salaires tout en augmentant de fait la durée des contrats.

Lors de la réorganisation du *studio system* pendant les années cinquante, les contrats ne disparurent pas entièrement, mais le contrat à long terme s'avéra moins avantageux pour les studios. Les stars furent alors embauchées pour un film particulier. En un sens, elles y gagnaient : Gorham Kindem montre comment, libérées de contrats léonins, elles pouvaient plus facilement gérer leur carrière (« Hollywood's Movie Star System », p. 88). De plus, avec l'organisation de la production autour d'un seul film, le succès de chaque film devenait un enjeu d'importance ; cela augmentait la valeur commerciale des stars comme garanties contre l'échec, et les autorisait à exiger de plus hauts salaires (p. 88). Plusieurs stars fondèrent également leur propre compagnie, ce qui leur permettait d'avoir un meilleur contrôle sur la production et de réduire le taux de leurs impôts (voir aussi Barry King, « Stardom as an Occupation »). Vers la même époque, la production commença à décliner en quantité, et chaque film chercha de plus en plus à se distinguer des autres par le recours à des procédés spectaculaires coûteux. Moins de films produits, des coûts plus élevés : les acteurs ne trouvèrent plus de travail régulier dans le cinéma, et, la télévision prenant de l'importance, beaucoup d'entre eux y poursuivirent leur carrière (Kindem, p. 89).

Thomas Schatz note que depuis le milieu des années soixante-dix, le cinéma américain a connu des changements significatifs dans ses structures industrielles, ses méthodes de marketing et ses conventions stylistiques. Dans ce « Nouvel Hollywood », selon Schatz, sont produites trois catégories de films (« The New Hollywood », p. 35), chacune de ces catégories étant associée à un groupe particulier de stars. La première, issue de la production film par film et du nouveau spectaculaire, est celle des « *blockbusters* » à très gros budget. Justin Wyatt se réfère au même secteur de production avec la notion, plus liée à l'industrie contemporaine, de film *high-concept.* Cela ne suppose pas forcément des budgets et des recettes considérables, mais doit correspondre selon Wyatt à une forme de récit à forte valeur commerciale (*High-Concept*, p. 12). Dans le *high-concept*, les possibilités de vente sont prises en compte dès le stade de la pré-production. Or une bonne commercialisation repose sur une image qui puisse être communiquée au public de façon simple et directe ; Dans cette stratégie, l'image de la star est instrumentalisée, dans la mesure où elle doit incarner le concept du film. C'est pourquoi, dans le *high-concept,* le style l'emporte sur le contenu narratif, mettant en valeur, parfois avec excès, les qualités les plus connues des stars. Wyatt prend pour exemple la prestation de Jack Nicholson dans *Batman* (Tim Burton, 1989) : l'aspect fantastico-diabolique dont témoignaient ses personnages dans *Shining* (Stanley Kubrick, 1980) et *Les Sorcières d'Eastwick* (George Miller, 1987) se transforme en une sorte d'hystérie comique pour laisser libre cours à une démonstration débridée des talents de Nicholson. Ainsi les qualités propres de la star prennent-elles le pas sur le personnage (voir Barry King, « Articulating Stardom », p. 42) ; le jeu excessif de Nicholson dans *Batman* montre combien le film *high-concept* repose sur « l'hyper-personnification » de l'image de la star. Tout le concept du film est incarné par le ricanement de Nicholson.

Pour Schatz, le succès commercial d'un réalisateur comme Steven Spielberg, dans le champ du *blockbuster* et du *high-concept*, donne un nouveau contenu à la notion de star, laquelle ne concerne plus uniquement les acteurs (« The New Hollywood » p. 35), mais le cinéaste lui-même, dont le statut de star dépasse celui de toute la distribution. Il ne faut pourtant pas surestimer le phénomène du réalisateur comme star ; les noms de John McTiernan (*Die Hard*, 1988) ou de Richard Donner (*L'Arme fatale 3*, 1992 ; *Maverick*, 1994) restent obscurs si on les compare à ceux de leurs vedettes masculines, Arnold Schwarzenegger, Bruce Willis et Tom Cruise, qui sont immédiatement associés à la production de *blockbusters*. Quant aux vedettes féminines, même lorsqu'elles sont créditées d'un vrai pouvoir économique, comme Demi Moore – qui, en 1996, est censée avoir reçu 12,5 millions de dollars pour jouer dans *Strip Tease* (Andrew Bergman, 1996) –, l'industrie hollywoodienne a toujours du mal à se convaincre qu'elles méritent les salaires astronomiques que justifie, pour une star, le fait de « lancer » un film à gros budget.

La deuxième catégorie de Schatz est le film de « classe A » ou film-véhicule, qui permet d'exploiter l'image spécifique d'un comédien. Ici la liste est sans fin ; à titre d'exemples, citons *Le*

Cercle des poètes disparus (Peter Weir, 1989) et *Mme Doubtfire* (Chris Columbus, 1993) qui ont permis à Robin Williams de déployer toute la gamme de son talent comique.

La conséquence directe du démantèlement du *studio system* fut le développement d'une production américaine indépendante ; les films indépendants à petit budget constituent donc, selon Schatz, la troisième catégorie de films produits dans le Nouvel Hollywood. De ce secteur ont émergé des cinéastes de renom comme David Lynch ou Quentin Tarantino ; mais la production indépendante fait également souvent appel aux mêmes acteurs, par exemple Steve Buscemi ou Tim Roth. Si ces noms ne sont pas aussi largement connus que ceux des stars de *blockbusters*, cela permet une distinction entre les stars « populaires » et les stars « cultes ».

Danae Clark critique les histoires du *star system* qui n'étudient les stars qu'en tant qu'elles sont soumises au pouvoir du studio ou de l'industrie ; il ne faut pas oublier en effet que certaines stars ont pu résister, à titre individuel ou collectif, aux pressions exercées par l'industrie (*Negotiating Hollywood*, p. 5). Clark reproche également à l'étude des images de star de se concentrer sur des individus signifiants, en négligeant les hiérarchies qui existent dans la production entre les stars dotées de pouvoir et les acteurs de second plan. Selon Clark, le pouvoir des stars ne peut être évalué que dans le contexte du *star system* dans son ensemble, ce qui suppose l'analyse des relations professionnelles entre les stars et les autres acteurs (p. xi). Dans son étude sur la fondation de la *Screen Actors' Guild*, syndicat officiel des acteurs à Hollywood, Clark décrit un système reposant sur des différences dans l'accès au travail ; les intérêts des stars, dans ce système, sont concurrents de ceux des producteurs et des autres acteurs. En somme, la critique de Clark encourage une vision plus complexe du *star system*, qui tienne compte à la fois des résistances individuelles ou collectives et du pouvoir de l'industrie.

CONCLUSION

Ces développements dans le domaine de l'étude des stars montrent que plusieurs points sont encore dignes, dans l'avenir, d'attention et de travail. Tout d'abord, l'approche d'une image de star, en isolant les effets de sens propres à une seule star, tend à négliger le fait que cette image s'inscrit dans un système de différences et de distinctions entre les stars et les autres acteurs. De ce système dépend la manière dont se répartissent les discours sur les stars, les stratégies de chaque star, les identifications et les goûts du public et le positionnement de chaque star dans les différents secteurs de la production.

Deuxièmement, l'analyse des stars dans leur contexte montre combien ces différences évoluent historiquement et culturellement ; en quoi la « Monroe » des années quatre-vingt-dix est-elle différente de la « Monroe » des années cinquante ? Les stars de cinéma jouent-elles encore un rôle dans la façon dont les spectateurs négocient leurs positions sociales ? Ou d'autres figures comme les stars de la pop music, les mannequins ou les sportifs sont-elles désormais plus signifiantes ? Quelle conception du travail d'acteur domine dans le Nouvel Hollywood, et comment se situe-t-elle par rapport aux conditions de travail des acteurs dans d'autres cinématographies nationales ?

Il est frappant ensuite de constater que l'analyse critique des images de stars et l'importance prise par la théorie du spectateur ont mis l'accent sur la dimension textuelle et discursive de la star, aux dépens de l'observation des pratiques concrètes. En privilégiant le discours, les études de stars se sont laissé enfermer dans un univers de pure textualité ; pourtant, dans le champ social, la star et son public accomplissent aussi des actions concrètes, comme le rappellent notamment les études de Clark et de Stacey. Cette activité sociale ne peut s'apprécier que si la sémiotique des stars s'accompagne désormais d'une pragmatique : il ne suffit plus de se demander ce que les stars signifient, il faut à présent se demander quels effets concrets elles produisent.

Un tel déplacement, pour finir, demande que soit repensée la question de l'identité elle-même. D'un point de vue théorique, les études filmiques sont dominées par la notion de « sujet ». La subjectivité est un concept important, car cela implique que l'identité se constitue à travers des structures de représentation et de pouvoir, et remet en cause l'idée que l'identité serait une individualité librement déterminée. Stacey et Clark, tout en utilisant le terme de « sujet » dans leur travail, suggèrent l'intérêt qu'il y aurait à voir plutôt les stars et les spectateurs comme des

« agents » sociaux. Ce statut d'agent ne signifie pas que stars et spectateurs puissent librement déterminer les structures de représentation et de pouvoir, mais simplement qu'ils peuvent négocier des parcours à l'intérieur de ces structures. Une telle reconceptualisation de l'identité peut s'avérer nécessaire pour examiner efficacement la complexité empirique (et non plus seulement théorique) des différences, des contextes et des identités sur lesquelles repose l'institution du *star system*.

BIBLIOGRAPHIE SÉLECTIVE

N.B. Seuls les ouvrages mentionnés dans le texte de Paul McDonald ont été retenus. On a ajouté quelques titres parus en français sur le sujet.

1. Stars : généralités

BOURGET Jean-Loup, *Hollywood, la norme et la marge*, Paris, Nathan, 1998.

CLARK Danae, *Negotiating Hollywood : The Cultural Politics of Actors' Labour*, University of Minnesota Press, Minneapolis, 1995.

COOK Pam, « Star Signs », *Screen*, vol. 20, n° 3-4, Winter 1979-80, pp. 80-8.

DECORDOVA Richard, « The Emergence of the Star System in America », *Wide Angle*, vol. 6, n° 4, 1985, pp. 4-13.

— , *Picture Personalities : The Emergence of the Star System in America*, University of Illinois Press, Urbana, 1990.

DYER, Richard, *Heavenly Bodies : Film Stars and Society*, Macmillan, London, 1987 ; 2003.

GAINES Jane M., *Contested Culture : The Image, the Voice, and the Law*, British Film Institute, London, 1992.

KEANE Marian, « Dyer Straits : Theoretical Issues in Studies of Film Acting », *Postscript*, vol. 12, n° 2, 1993, pp. 29-39.

KINDEM Gorham, « Hollywood's Movie Star System : A Historical Overview », in Kindem Gorham (ed.), *The American Movie Industry: The Business of Motion Pictures*, Southern Illinois University Press, Carbondale and Edwardsville, 1982, pp. 79-93.

KING Barry, « Articulating Stardom », *Screen*, vol. 26, n° 5, September-October 1985, pp. 27-50.

— , « Stardom as an Occupation », in Kerr Paul (ed.), *The Hollywood Film Industry*, Routledge and Kegan Paul, London, 1986, pp. 154-84.

— , « The Star and the Commodity : Notes Towards a Performance Theory of Stardom », *Cultural Studies*, vol. 1, n° 2,1987, pp. 145-61.

LEVY Emanuel, « The Democratic Elite : America's Movie Stars », *Qualitative Sociology*, vol. 12, n° 1, Spring 1989, pp. 29-54.

MCARTHUR Benjamin, *Actors and American Culture, 1880-1920*, Temple University Press, Philadelphia, 1984.

MALTBY Richard, *Hollywood Cinema : An Introduction*, Blackwell, Oxford, 1996.

NACACHE Jacqueline, *L'Acteur de cinéma*, Paris, Nathan, 2003.

NAREMORE James, *Acting in the Cinema*, University of California Presse, Los Angeles, 1988.

PETERS Anne K. and CANTOR Muriel G, « Screen Acting as Work », in Ettema James S. and Whitney D. Charles (eds.), *Individuals in Mass Media Organisations*, Sage, Beverly Hills CA, 1982, pp. 53-68.

STACEY Jackie, *Star Gazing : Hollywood Cinema and Female Spectatorship*, Routledge, London, 1994.

Tasker Yvonne, *Spectacular Bodies: Gender, Genre, and the Action Cinema*, Comedia/Routledge, London, 1993.

2. Stars : études de cas

« Bob and Al in the Coffee Shop », *Sight and Sound*, vol. 6, n° 3, March 1996, pp. 14-19.

DAWSON Jeff, « "The Best Thing About It Is the Boobs…" », *Empire*, n° 84, June 1996, pp. 94-98.

DYER Richard and VINCENDEAU Ginette (eds.), *Popular European Cinéma*, Londres, Routledge, 1992.

HANSEN Miriam, « Pleasure, Ambivalence, Identification : Valentino and Female Speclatorship », *Cinema Journal*, vol. 25, n° 4, Summer 1986, pp. 6-32 ; traduit partiellement dans Reynaud B. et G. Vincendeau (dir.), *CinémAction* , « Vingt ans de théories féministes sur le cinéma » n° 67, 1993.

MAILLOT Pierre, *Les Fiancés de Marianne : la société française à travers ses grands acteurs*, Paris, Le Cerf, 1996.

MANSO Peter, *Brando*, Weidenfeld and Nicolson, London, 1994.

PHILLIPS Alastair and VINCENDEAU Ginette (eds.), *Journeys of Desire : European Actors in Hollywood*, London, BFI, 2005.

RIHOIT Catherine, *Brigitte Bardot, un mythe français*, Paris, Olivier Orban, 1986.

SELLIER Geneviève et Ginette VINCENDEAU, « La Nouvelle Vague et le cinéma populaire : Brigitte Bardot dans *Vie privée* et *Le Mépris* », *Iris* n° 26, Paris, automne 1998.

TARR Carrie, « Jean Marais : Représentation de la masculinité dans *L'Éternel Retour* », *Iris* n° 26, Paris, automne 1998.

STUDLAR Gaylyn, « Masochism, Masquerade, and the Erotic Metamorphoses of Marlene Dietrich », in Gaines Jane M. and Herzog

Charlotte (eds.), *Fabrications : Costume and the Female Body*, Routledge, New York, 1990, pp. 229-249.

VINCENDEAU Ginette, « L'ancien et le nouveau : Brigitte Bardot dans les années cinquante », in Reynaud B. et G. Vincendeau (dir.), *CinémAction* , « Vingt ans de théories féministes sur le cinéma » n° 67, 1993.

WEISS Andrea, *Vampires and Violets: Lesbians in the Cinema*, Jonathan Cape, London, 1992.

3. Cinéma : généralités

CREED Barbara, « From Here to Modernity : Feminism and Postmodernism », *Screen*, vol. 28, n° 2, Spring 1987, pp. 47-67.

DOANE Mary Ann, untiteld entry, *Camera Obscura*, 20-1, 1989, pp. 142-147.

ECKERT Charles, « The Carole Lombard in Macy's Window », *Quarterly Review of Film Studies*, vol. 3, n° 1, Winter 1978, pp. 1-21.

HERZOG Charlotte, « "Powder Puff" Promotion : The Fashion Show-in-the-Film », in Gaines Jane M. and HERZOG Charlotte (eds.), *Fabrications : Costume and the Female Body*, Routledge, New York, 1000, pp. 134-149.

MAYNE Judith, *Cinema Spectatorship*, Routledge, London, 1993.

MULVEY Laura, « Visual Pleasure and Narrative Cinema », *Screen*. vol. 16, n° 3, Autumn 1975. pp.6-18 ; traduit partiellement dans B. Reynaud et G. Vincendeau (dir.), *CinémAction* , « Vingt ans de théories féministes sur le cinéma » n° 67, 1993, pp. 17-23

SCHATZ Thomas, « The New Hollywood », in Collins James, Radner Hilary and Praecher Collins Ava (eds.), *Film Theory Goes to the Movies*, Routledge, New York, 1993, pp. 8-36.

WYATT Justin, *High Concept : Movies and Marketing in Hollywood*, University of Texas Press, Austin, 1994.

4. Divers

BOURDIEU Pierre, « The Field of Cultural Production or The Economic World Reversed », *Poetics*, vol. 12, n° 4-5, 1983, pp. 311-356.

FAETHERSTONE Mike, Hepworth Mike and Turner Bryan S. (eds.), *The Body : Social Process and Cultural Process*, Sage, London, 1991.

FISKE John, « The Cultural Economy of Fandom », in Lewis Lisa (ed.), *The Adoring Audience : Fan Culture and Popular Media*, Routledge, London, 1992, pp. 30-49.

JENKINS Henry, *Textual Poachers : Television Fans and Participatory Clulture*, Routeledge, New York, 1992.

MOORE Shaun, *Interpreting Audiences : The Ethnography of Media Consumption*, Sage, London, 1993.

SCHILLING Chris, *The Body and Social Theory*, Sage, London, 1993.

TURNER Bryan S., *The Body and Society*, Sage, London, 1996.

VOLOSINOV Valentin Nikolaevic, *Marxism and the Philosophy of Language*, Harvard University Press, Cambridge MA, 1986.

WALKERDINE Valerie, « Video Replay : Families, Films and Fantasy », in Burgin Victor, Donald James and KAPLAN Cora (eds.), *Formations of Fantasy*, Routledge, London, 1989, pp. 167-199.

MARILYN MONROE ET LA SEXUALITÉ

Traduction de Sylvestre Meininger

extrait de ***Heavenly Bodies, Film Stars and Society***,

Richard Dyer, BFI, 1986

Nier l'existence du corps, c'est se mentir.
Aucune femme ne transcende son corps.
Joseph C. Rheingold

Les hommes veulent des femmes roses,
sans défense et qui respirent en gonflant la poitrine.
Jayne Mansfield

Les stars nous touchent car elles incarnent certains aspects de l'existence qui sont importants pour nous ; et les acteurs deviennent des stars lorsque ce qu'ils incarnent touche suffisamment de gens. S'il est vrai que les stars éveillent en nous des sentiments très humains, ces sentiments dépendent toujours d'un contexte historiquement et culturellement déterminé. Par exemple, s'il est vrai que les relations sexuelles existent dans toutes les cultures, leur signification et leur importance changent d'une culture à l'autre, et à travers l'histoire d'une même culture. Dans ce chapitre, mon argumentation repose sur le fait que les années cinquante avaient une conception très particulière de la sexualité et y accordaient une grande importance. Marilyn Monroe devint charismatique parce qu'elle incarnait cette conception particulière, et parce que cette conception était alors dominante aux États-Unis. Elle fut l'incarnation de ce qui était alors considéré comme un aspect essentiel de la vie humaine.

Je parlerai de Monroe à travers la conception de la sexualité qui caractérise les années cinquante aux États-Unis. Cette conception repose sur deux grandes tendances, la première illustrée par le magazine *Playboy*, l'autre par une volonté de comprendre la sexualité féminine. J'analyserai cette conception en la considérant comme un discours idéologique, afin de signaler qu'il ne s'agit pas d'un système de pensée cohérent, mais plutôt d'un agrégat d'idées, de notions, de sentiments, d'images, d'attitudes et de préjugés qui construisent une vision du monde particulière. Ce discours idéologique s'exprime à travers des médias, des pratiques, des niveaux culturels différents, de la « philosophie » opportuniste de *Playboy* jusqu'à la simple pin-up, ou de la théorie psychanalytique jusqu'à l'imagerie des magazines et les romans populaires.

Dans une large mesure, mon approche reste limitée à ce discours idéologique. Même si j'évoque parfois le monde concret auquel se réfère ce discours, je ne l'analyse pas en détails. Dans le cadre de ce travail, Monroe est considérée comme charismatique car elle incarne ce que ce discours construit à cette époque comme un élément essentiel de la vie humaine. Je cherche ainsi à échapper à la corrélation simpliste entre Monroe et les structures sociales concrètes des années cinquante ou la vie des femmes et des hommes « ordinaires ». Cependant, je ne veux pas suggérer qu'il n'existe aucun lien entre le discours, la société et les expériences individuelles. Si le discours dont je parle (et Monroe) n'avaient effectivement aucun rapport avec l'existence sociale et économique des gens, je ne vois pas comment ils auraient pu avoir un quelconque effet sur eux ; en d'autres termes, personne n'aurait payé pour la voir au cinéma. Ceci dit, je n'analyserai pas ici la nature précise du lien qui unit discours idéologique, structure sociale et individus.

En soulignant l'importance de la sexualité dans l'image de Marilyn Monroe, je peux donner l'impression de reconduire la manière dont cette actrice a toujours été considérée : à travers le seul prisme du sexe. Ce danger est réel, et j'espère ne pas simplement reproduire cette attitude, mais au contraire essayer de la comprendre en la contextualisant. Monroe était sans doute une actrice subtile et habitée, une femme intelligente et sensée. Je n'ai pas l'intention de prétendre le contraire et je tiens à lui reconnaître ces qualités, effacées par le moule qui a créé son image. Mais mon objectif est de comprendre le fonctionnement de ce moule et il est évident que celui-ci a systématiquement et implacablement réduit Monroe à la sexualité. L'équation « Monroe = sexualité » conditionne l'image élaborée par les photos de pin-up et les films, mais également la manière dont son nom devint synonyme de sexualité dans le langage courant.

Marilyn Monroe a commencé sa carrière dans l'univers visuel de la pin-up, dont l'imagerie est obessionnellement sexuelle. Le style pin-up restera un aspect essentiel de son image jusqu'à sa mort et influera également sur ses apparitions publiques, la promotion de ses films, ses rôles, la manière dont on la filmait et dont on jugeait son jeu. Les critiques aussi mettaient en avant la dimension sexuelle de son image[1].

Dès ses débuts, elle incarne « la fille », uniquement définie par son (jeune) âge, son sexe et son sex-appeal. Dans deux films, elle n'a même pas de nom (*Bagarre pour une blonde*, 1948 et *La Pêche au trésor*, 1950) et, à trois autres reprises, l'identité de son personnage se résume à « la blonde » (*Les Années dangereuses*, 1948 ; *Le Roi de la piste*, 1950 et *Tourment*, 1950). Lorsqu'il y a davantage de précisions, elles ne servent qu'à renforcer son aspect interchangeable. Ainsi, quand son personnage a un travail, et même lorsque ce travail est productif (secrétaire, par exemple), le film la réduit à l'exhibition de la femme pour le regard masculin. Dans ses premiers films, elle est danseuse de revue (*Les Reines du music-hall*, 1948 ; *Le Petit Train du Far West*, 1950), actrice (*Eve*, 1950 – le film insiste sur son absence de talent) ou secrétaire (*Home Town Story*, 1951 ; *Rendez-moi ma femme*, 1951 et *Chérie, je me sens rajeunir*, 1952). Et les choses ne changent pas vraiment au fur et à mesure que sa carrière progresse. Elle n'a pas de nom dans *Sept ans de réflexion* (1955), où elle est « la fille » dans le générique. Elle est à nouveau danseuse de revue dans *Les hommes préfèrent les blondes* (1953), *La Joyeuse Parade* (1954), *Le Prince et la danseuse* (1957) et *Le Milliardaire* (1960), artiste de scène sans réel talent dans *La Rivière sans retour* (1954), *Arrêt d'autobus* (1956) et *Certains l'aiment chaud* (1959). Elle est mannequin (ce qui ne change pas vraiment) dans *Comment épouser un millionnaire* (1953) et *Sept ans de réflexion* (1955), et prostituée dans *La Sarabande des pantins* (1952). Même dans ses rôles prestigieux, *Arrêt d'autobus* et *Le Prince et la danseuse*, son statut social reste le même (ce qui ne signifie pas, bien sûr, que ces personnages soient traités de manière identique). Cette tendance à la réduire à son sexe atteint son paroxysme dans *Les Désaxés* (1961) où, après avoir été « la fille », elle devient « une femme », ou plutôt « La Femme » – Roslyn n'a pas de passé, elle est simplement « divorcée » ; et la symbolique mise en place par le film l'identifie à la Nature et l'oppose au monde du travail, à la société, à l'histoire…

Monroe est parvenue à transcender la plupart de ses rôles, mais

---

[1] Toutes les citations sont tirées de Conway Michael et Ricci Mark, *The Films of Marilyn Monroe*, Secaucus NJ, Citadell, 1964

il lui a fallu pour cela aller à rebours de la manière dont ils étaient écrits et filmés. À l'écran, elle n'existe qu'à travers le regard des personnages masculins : même dans ses derniers films et systématiquement dans ses premiers, elle reste objet du regard masculin désirant. Sa position à l'intérieur du cadre la réduit souvent à une silhouette : le profil exhibant « seins et fesses » revient de manière obsessionnelle dans tous ces films. Un des exemples les plus frappants de cette sexualisation est *Le Prince et la danseuse*, un film produit par la propre compagnie de la star et réalisé par Sir Laurence Olivier, et qu'on aurait donc pu croire différent des autres. En surface, c'est le cas. Les répliques sont plus astucieuses et les décors de meilleur goût que dans les superproductions rutilantes de la Fox. Mais, comme les autres, le film joue en permanence avec notre désir supposé de voir Monroe comme un spectacle sexuel. Son personnage, Elsie, nous est présenté dans les coulisses du « Cocoanut Girl » où se trouvent les loges des danseuses, le film s'amusant avec les pulsions voyeuristes que peut susciter un tel lieu. La caméra suit un garçon de courses jusqu'à la loge qu'Elsie partage avec les autres danseuses ; il frappe et entre en laissant la porte ouverte, mais le placement de la caméra nous empêche de voir les filles ; la caméra finit par se déplacer pour révéler l'intérieur de la pièce, mais les filles sont déjà habillées. Plus tard dans le film, Monroe et Olivier se trouvent chacun d'un côté de l'écran. Olivier est de trois-quarts, habillé d'une ample robe de chambre sombre qui se confond avec la bibliothèque située derrière lui – le dessin de son corps reste flou et la mise en scène l'identifie au monde de l'intellect. Face à lui, Monroe est de profil, habillée d'une robe moulante appropriée à l'habituel plan de type « seins et fesses ». Une statue représentant une femme nue se trouve derrière elle. Le film met sa silhouette en avant et la mise en scène l'identifie à la femme-comme-corps, la femme-comme-spectacle-visuel.

Comme on peut s'y attendre, les critiques la considéraient quasi systématiquement en termes sexuels. Pendant sa première période, elle est « la superbe blonde » de *Quand la ville dort* (1950), « Marilyn Monroe aux courbes somptueuses » dans *Rendez-moi ma femme*, on admire son « superbe châssis » de « blonde splendide » dans *Chérie, divorçons* (1951). Lorsqu'elle est sur le point de devenir une star (et donc après s'être affirmée comme autre chose qu'un simple objet sexuel qu'elle est encore dans *Quand la ville dort* et *Eve*), un critique écrit à propos de *Cinq mariages à l'essai* (1952) : « Marilyn Monroe étale ses charmes avec un talent inégalé à Hollywood. » Barbara Stanwyck se souvient que les journalistes n'étaient pas venus sur le plateau de *Le démon s'éveille la nuit* (1952) pour la rencontrer elle, la vedette du film : « Ce n'est pas à elle (Barbara Stanwyck) qu'on veut parler. Elle, on la connaît. On veut parler à la fille qui a des gros seins. » Même à propos de ses films plus tardifs, comme *Certains l'aiment chaud* et *Le Milliardaire*, on retrouve le même type de remarques. « Mlle Monroe, dont il est impossible d'ignorer la silhouette… » à propos du premier, et, à propos du second : « les célèbres appâts sont au rendez-vous ». La présence physique de Monroe ne disparaît donc jamais derrière d'autres considérations, par exemple sur son esprit ou son jeu. Il faut cependant noter que l'insistance des critiques tardives sur son sex-appeal se fait souvent sur le ton de la plaisanterie, distance qui sonne comme une reconnaissance tacite des autres qualités qu'on trouve alors à Monroe.

Dans ces conditions, il n'est pas surprenant que « Monroe » soit devenue un synonyme de « sexualité ». Cependant, pour des raisons évidentes, il n'est pas aisé d'en trouver des preuves concrètes. Je me souviens moi-même très bien de son impact sexuel, comme de nombreuses personnes à qui j'en ai parlé. J'illustrerai cette idée par deux citations.

La première, tirée de l'étude sociologique *Coal is our life* de Norman Denis, Fernando Henriques et Clifford Slaughter, rend compte de l'impact du personnage incarné par Monroe dans *Niagara* (1953) sur un groupe de mineurs et leurs femmes dans le nord-est de l'Angleterre. Ce travail révèle que Monroe est passée dans le langage quotidien au point de devenir un point de repère qui permet de comprendre le rapport des gens à la sexualité :

> Chez le bookmaker ou à la mine, ils plaisantent à propos des charmes de Mlle Monroe, à propos de l'effet qu'elle pourrait faire à certaines personnes présentes et à propos de son surnom, « The Body ». Il semble que chaque homme peut améliorer sa position vis-à-vis des autres en faisant sa propre réflexion salace [sur Marilyn]. Par contre, dans le cadre d'une conversation privée avec

> un étranger, les mêmes hommes estiment que ce film est, au mieux, assez idiot et, au pire, presque dégoûtant. Enfin, les hommes changent radicalement de discours lorsque des femmes sont présentes. Dans un groupe formé par des couples qui se connaissent tous, les femmes déclarent qu'elles trouvent Mlle Monroe plutôt niaise et artificielle ; les hommes disent eux qu'ils ne seraient pas hostiles à passer une nuit avec elle. Les femmes les plus sures d'elles répondent, pour les humilier : « Tu ne saurais pas quoi faire avec elle ! » et les hommes se retrouvent un peu penauds. (Denis et al, (1969) p. 216)

La seconde citation est tirée du roman de Marilyn French *Toilettes pour femmes* (1978). Le livre se passe principalement dans les années cinquante, au sein d'un groupe de jeunes couples qui habitent une banlieue cossue. À un moment, la narratrice (qui fait partie des personnages) évoque leur rapport à la sexualité. Ce passage est révélateur du caractère obligé de la référence à Monroe, mais également parce qu'il renvoie à certains aspects de la sexualité qui m'intéressent dans cette étude[2].

> L'amour était pour la plupart d'entre eux, les hommes comme les femmes, une déception dont ils ne parlaient jamais. L'amour, après tout, était La chose qui se passait naturellement et s'il n'en allait pas ainsi – s'il n'en allait pas ainsi pour eux, si ce n'était pas comme dans les récits lus furtivement, les histoires cochonnes, les calendriers de pin-up et les magazines « pour hommes », et comme dans toutes les luttes et tous les abandons de certaines héroïnes dans certains bouquins – pourquoi était-ce de leur faute ? (...) Probablement parce que la plupart des gens ont une expérience sexuelle extrêmement limitée et qu'il leur est facile, quand les choses ne marchent pas, d'en faire porter la responsabilité à leur partenaire. Tout serait si différent si, au lieu de la grisonnante

---

[2] M. French écrit comme moi rétrospectivement sur les années cinquante. Le fait que nous soulignions la même chose (en fait, j'ai appris beaucoup de son roman), doit nous alerter sur le fait qu'il peut s'agir d'une vision de cette période caractéristique des années soixante-dix. Il faut toujours être attentif au fait que notre vision du passé est inscrite dans le présent. Mais en même temps, on ne peut pas réduire toute investigation du passé à un reflet du présent. Leur relation est plus dynamique. Même si M. French et moi nous intéressons aux années cinquante à partir de problématiques des années soixante-dix, cela ne signifie pas que ces questions ne concernent pas les années cinquante.

> Thérésa aux seins affaissés et au ventre pendant après six grossesses, Don couchait avec... disons, Marilyn Monroe. (pp. 87-88)

Comme le montre *Toilettes pour femmes*, le sexe était probablement perçu comme l'aspect le plus important de la vie dans l'Amérique des années cinquante. De nombreuses publications étayent cette hypothèse : les deux rapports Kinsey (sur les hommes en 1948 et sur les femmes en 1953), le premier numéro de *Confidential* en 1951 et celui de *Playboy* en 1953, dont la diffusion allait rapidement exploser ; des romans à succès comme *From Here to Eternity* (1951), *A House is Not a Home* (1953), *Not As a Stranger* (1955), *Peyton Place* (1956), *Strangers When We Meet* (1953), *A Summer Place* (1958), *The Chapman Report* (1960), *Return to Peyton Place* (1961), sans oublier les thrillers de Mickey Spillane. Betty Friedan dans *La Femme Mystifiée* cite une étude d'Albert Ellis, *The Folklore of Sex* (1961), qui explique que les médias américains « accusaient une augmentation des références au sexe entre 1950 et 1960 de l'ordre de 250% (...), le fait le plus frappant consistant dans la sensualité accrue, et visiblement insatiable, étalée dans les romans à succès et les feuilletons principalement lus par les femmes » (Friedan, 1964, tome 2, p. 72). Et il ne s'agit pas d'envisager ce phénomène sous un jour uniquement quantitatif. Il semble qu'on se trouve ici face à la concrétisation directe d'une idée que Michel Foucault fait remonter, dans *Histoire de la sexualité*, au XVIIe siècle, où la sexualité commence à être perçue comme l'aspect de notre vie qui peut révéler la vérité de notre être. Cette recherche de « vérité » prend souvent la forme d'une volonté de dépasser la surface, suivant l'idée que ce qui se trouve au-dessous est plus authentique et conditionne la forme que prend la surface elle-même. L'exploration psychanalytique de l'inconscient suit d'ailleurs ce modèle (derrière l'ego se trouve la vérité du ça), tout comme le roman à succès qui cherche à « soulever le couvercle qui recouvre les banlieues » (*Peyton Place* « arrache les briques, le stuc et le papier goudronné pour révéler l'intimité de ceux qui vivent ici », explique le *Sunday Dispatch*). Même chose avec l'exploration obsessionnelle du passé de stars comme Monroe, censée révéler sa véritable personnalité. Or, dans les années cinquante, ce qui se trouve sous la surface, c'est le sexe.

L'idée selon laquelle la sexualité est centrale dans notre vie est reprise même par les écrivains qui critiquent la manière dont elle est en train d'évoluer. Howard Whitman déclare dans la préface de son livre *The Sex Age*, publié en 1962 : « Le sexe est peut-être la chose qui nous est la plus personnelle. Mais il est également le reflet de l'ensemble de notre vie et de notre culture. » Whitman cite un pasteur du Midwest : « Lorsque les hommes et les femmes me parlent de leurs problèmes, neuf fois sur dix, lorsque nous grattons sous la surface, c'est le sexe que l'on voit apparaître. » Whitman exprime un point de vue classique, qui rejette la promiscuité sexuelle, les sexualités déviantes et la pornographie, mais son point de départ est bien l'idée selon laquelle le sexe est essentiel à la vie. Et s'il s'oppose à la « mauvaise » sexualité, il est loin de rejeter la sexualité en elle-même. Il cite H. G. Wells sur sa page de titre : « L'avenir de la sexualité est au centre de la question de l'avenir de l'humanité. » Il est difficile d'affirmer plus clairement la primauté de la sexualité dans les années cinquante.

L'analyse la plus lucide du discours de l'époque sur la sexualité nous vient probablement de *La Femme mystifiée*, de Betty Friedan. Publié en 1963, ce livre a exercé une influence majeure sur toutes les analyses faites ensuite sur cette période. Friedan y suggère que la sexualité fut construite à l'époque comme la « réponse » à toutes les frustrations et les souffrances morales ressenties par les femmes prisonnières de la « mystique du féminin » que Friedan appelle également « le problème sans nom ». Au cours de ses entretiens avec des femmes, elle s'aperçoit souvent que celles-ci « répondent de manière explicitement sexuelle à une question qui n'a rien à voir avec la sexualité » (t. 2, p. 69) et elle affirme que les femmes américaines « ont déplacé dans la recherche de satisfactions sexuelles toutes leurs frustrations dans la réalisation de soi » (t. 2, p. 132). De la même façon, dans son analyse de quelques films de l'époque, *On the Verge of Revolt*, Brandon French explique que le cinéma « révèle à quel point le sexe et l'amour servaient souvent à masquer ou à résorber les frustrations féminines, et mêmes masculines » (B. French, 1978, p.xxii). Si Foucault montre que la sexualité est perçue comme un moyen de mieux connaître notre vie, Friedan et French montrent qu'elle devient, dans les années cinquante, *la réponse* aux problèmes de notre vie. Et tous les trois permettent de comprendre comment la sexualité, envisagée comme connaissance ou solution, assigne une place précise aux hommes et aux femmes dans la société et cherche à les y maintenir.

En écho à ces transformations sociales, la sexualité prend de plus en plus d'importance dans les films. Face à l'émergence de formes de loisirs plus individuelles (la télévision, bien sûr, mais aussi la lecture, le bricolage, les sports dits « domestiques » ou la réduction de la vie sociale à une échelle pavillonnaire), le cinéma choisit de proposer des spectacles jugés impropres à la consommation familiale, d'où la disparition du « film familial » et l'émergence d'un cinéma destiné aux adultes. Même si le marché de la pornographie n'explose que plus tard, le cinéma grand public devient de plus en plus « audacieux » et « explicite » dans sa représentation du sexe. Les tabous s'effondrent, non seulement dans le cinéma underground et dans les films « hygiéniques » qui condamnent la sexualité, mais également dans les grosses productions hollywoodiennes. Monroe est exemplaire de cette tendance. Elle crée le scandale en posant nue pour le célèbre calendrier « Golden Dreams », montre ses seins dans les dernières photos prises par Bert Stern et se baigne nue dans son dernier film, inachevé, *Something's Got To Give*, du jamais vu pour une star de cinéma. L'illustration la plus instructive de ces préoccupations et de ces angoisses centrées sur la sexualité, se trouve dans les comédies, les films d'amour et les comédies musicales de l'époque, qui ne définissent plus les problèmes que doivent surmonter le héros et l'héroïne en terme d'amour et de compréhension mutuelle, mais tout simplement en terme de virginité. Va-t-elle le faire ? Va-t-elle refuser de le faire ? Dois-je le faire ? Ne dois-je pas le faire ? Comme l'explique Howard Whitman dans son chapitre « Pourquoi la virginité ? » (1962, p. 183), « La seule question, c'est *jusqu'où aller* ». Ces films cherchent à savoir ce que signifie « jouer avec le feu », car ils perçoivent l'acte sexuel comme le moyen d'établir la vraie valeur de la relation humaine la plus précieuse qui soit : le couple hétérosexuel.

L'image de Monroe exprime la manière particulière dont l'époque pense et ressent la sexualité. Cette perception de la sexualité s'organise autour de deux grands discours, celui qui met en scène le « playboy », fixé par le magazine du même nom, et celui qui s'intéresse au « problème » que semble alors représenter la sexualité féminine ; que ce soit à un niveau médical, autour de la question de l'orgasme vaginal ou, dans la culture populaire, autour de la vision du désir sexuel féminin comme force mystérieuse et incompréhensible. Ces deux discours en charrient beaucoup d'autres et convergent dans la notion de « sex-appeal », définie comme caractéristique sexuelle féminine essentielle, correspondant à la définition du féminin proposée par *Playboy*. Monroe incarne et, dans une certaine mesure, légitime cet ensemble de discours, mais elle va également rendre visibles les conséquences dramatiques qu'il peut avoir sur celles qui s'y conforment.

Playboy

En 1953, Monroe est élue pour la première fois star féminine n°1 au box-office par les distributeurs américains. Elle est devenue un objet de fascination au cinéma, dans la promotion et dans la publicité. C'est l'année de sortie des trois premiers films où elle tient la tête d'affiche (*Niagara*, *Les hommes préfèrent les blondes* et *Comment épouser un millionnaire*). Elle fait la couverture du magazine *Look* ; elle quitte le tournage de *The Girl in Pink Tights ;* en janvier 1954, elle épouse Joe di Maggio et, en février, rend visite aux soldats américains en Corée. En 1953, année cruciale dans l'histoire de la sexualité aux États-Unis, Monroe est la star de cinéma la plus célèbre. Publié en août, le rapport Kinsey sur les femmes fait l'objet d'une couverture de presse jamais vue pour un essai scientifique. Et, en décembre, paraît le premier numéro de *Playboy*. La publication d'un rapport portant sur la sexualité féminine, accueilli avec bien plus de publicité que le rapport portant sur les hommes en 1948, focalise l'attention générale sur le « problème » de la sexualité féminine, même si la manière dont cette question sera traitée ailleurs pourra s'éloigner considérablement des conclusions de Kinsey. Je reviendrai sur le lien entre Monroe et le problème de la sexualité féminine. La relation entre Monroe et *Playboy* est plus directe.

Monroe fait la couverture du premier numéro de *Playboy* et la photo prise pour le calendrier « Golden Dreams » est en page centrale. Quand Molly Haskell remarque que Monroe est « l'incarnation » de l'image de la femme immortalisée par *Esquire* et *Playboy* (Haskell, 1974, p. 255), le lien qu'elle établit entre

Monroe et *Playboy* n'a rien d'hypothétique – tous deux sont définitivement identifiés l'un à l'autre par la couverture et la page centrale du magazine. À ce sujet, Thomas B. Harris (1957) expliquera que la stratégie de promotion de la Fox construit Monroe comme « la *playmate* idéale ». *Playboy* va développer son discours à travers le style très particulier de ses articles et de ses photographies, et, plus tard, à travers sa fameuse « philosophie ». Et, en tant que star, Monroe donne une forte légitimité à ce discours. Pas seulement en apparaissant dans le magazine lui-même – même s'il est certain que sa présence a fait exploser les ventes – mais aussi en incarnant, comme personne d'autre à l'époque, la définition de la sexualité dont *Playboy* s'est fait le héraut.

La page centrale du premier numéro permet de comprendre la manière dont Monroe et *Playboy* se sont mutuellement influencés. Prise par Tom Kelley en 1948 et utilisée dans plusieurs calendriers, cette photo était déjà considérée comme très osée. Mais, en mars 1952, le fait que Monroe soit devenue une star propulsa l'affaire à la une des journaux. Même si ces calendriers étaient vendus à un grand nombre d'exemplaires, peu de gens avaient vu la photo autrement que sous la forme des petites reproductions en noir et blanc destinées à illustrer des articles de presse. En décembre 1953, son caractère sensationnel exerçait encore une réelle fascination. Décider de la publier en couleur sur les deux pages centrales du premier numéro d'un nouveau magazine faisait partie d'une stratégie marketing concertée.

Mais c'est la nature du scandale habilement provoqué par *Playboy* qui doit retenir l'attention. Tout d'abord, le fait qu'une star hollywoodienne pose pour une photo comme « Golden Dreams » ; et surtout, la réaction de Monroe à la polémique qui va suivre la parution du magazine.

Les premières photos de pin-up de Monroe ne s'inscrivent pas dans la tradition hollywoodienne du glamour surchargé qu'on associe souvent à des photographes comme Ruth Harriet Louise ou George Hurrell. Elles appartiennent plutôt à une imagerie bien plus largement diffusée et beaucoup plus simple, aussi bien en termes de style que dans le choix des modèles. Ce style est généralement frontal, avec un éclairage uniforme, quelques accessoires et un fond indistinct. Le modèle est toujours jeune, très souvent blanche,

« l'Américaine en bonne santé qui pourrait être *pom-pom girl* » (Hess, 1972, p227) et jamais individualisée. Dans les années quarante et cinquante, le grand symbole de cette tradition photographique est le maillot de bain une pièce, dont les exigences précises forcent les corps à se conformer à un type de féminité standardisé. Or, « Golden Dreams » n'appartient ni au genre pin-up, ni au glamour, mais plutôt à ce qu'on appelle le « nu artistique », genre qui cible ostensiblement un public masculin « sensible à l'art », dont la réaction face au corps féminin dénudé est censée être moins vulgaire que celle des hommes ordinaires. Dans cette tradition, le modèle est invariablement nu et, si l'éclairage et le cadrage sont souvent très conventionnels, le modèle doit prendre une pose bizarre qui va à l'encontre des notions de grâce et de fluidité habituellement attribuées au corps féminin. Peu de gens ont pris au sérieux les prétentions artistiques d'un genre photographique aussi déshumanisant ; il est resté associé, à juste titre, aux remarques graveleuses qu'on entend dans les vestiaires réservés aux hommes.

C'est bien le fait qu'une star de cinéma soit associée à ce genre photographique qui a déclenché le scandale. Mais la réaction de Monroe, telle qu'elle est racontée par la presse, dégonfle rapidement la polémique et transforme cette photo en emblème de la « nouvelle » vision de la sexualité que *Playboy* souhaite alors représenter. Interviewée par Aline Mosby, Monroe déclare qu'elle a fait cette photo parce qu'elle avait besoin d'argent et que la femme de Kelly était présente pendant la prise de vue. « Je n'éprouve aucune honte, je n'ai rien fait de mal », conclut-elle (cité dans Zolotov, 1961, p.105). Ce rejet de toute culpabilité est repris par le magazine *Time* d'une manière qui, nous le verrons, est très significative : « Marilyn pense qu'il faut faire ce qui vient naturellement. » (*Time*, 8/11/1952) L'article cite également sa réponse lorsqu'on lui demande « what she had on » lorsque fut prise la photo : « I had the radio on[3]. » Cette répartie, typique du

[3] Jeu de mot intraduisible. En général, « What she had *on* ? » signifie « quel vêtement *portait*-elle ? ». Mais, si le contexte s'y prête, cette expression peut signifier « quel appareil électrique avait-elle mis *en marche* ? » La réponse de Monroe joue sur cette ambiguïté : « I had the radio *on* » (« la radio était *en marche* ») signifie, dans ce contexte « la radio était mon seul vêtement. » Il s'agit du même type de sous-entendu que, quand on lui demande ce qu'elle porte la nuit,

personnage de la « blonde idiote », implique une incapacité ou un refus d'adopter l'attitude concupiscente sous-entendue dans la question. En fait, cette réponse suggère une ignorance totale du sentiment de concupiscence.

L'absence de culpabilité, la spontanéité et une approche « saine » du sexe faisaient justement partie du nouveau rapport à la sexualité que *Playboy* voulait incarner. La « philosophie » du magazine – qui ne fut explicitement définie qu'en 1962, mais qu'on peut voir se développer tout au long des années cinquante – fait se combiner deux idées dominantes au XXe siècle. La première est ce que Michel Foucault appelle « l'hypothèse répressive », l'idée que la « sexualité n'aurait jamais été assujettie avec plus de rigueur qu'à l'âge de l'hypocrite bourgeoisie affairée et comptable » (Foucault, 1976, p. 15). La seconde est formulée par John Gagnon et John Simon (1974), qui parlent d'une sexualité opérant selon un « modèle dirigé par la pulsion ». Selon eux, la pulsion sexuelle est une « exigence biologique de base » qui cherche constamment « l'expression » ou la « décharge ». Et, alors que cette « exigence biologique » est généralement perçue comme une pulsion féroce et déstabilisante qu'il est nécessaire de refouler, *Playboy* la présente comme inoffensive. Seul le refoulement rend la pulsion sexuelle dangereuse ; libre de s'exprimer, celle-ci n'est source que de beauté et de joie :

> De très nombreux membres de notre société affirment, avec toutes les bonnes intentions du monde, que notre civilisation serait plus heureuse, plus saine, si elle s'intéressait moins au sexe. Ces gens ignorent manifestement les données les plus fondamentales de cette question. Ce qu'il nous faut est au contraire une plus grande présence de la sexualité, et non l'inverse. Enfin, si nous souhaitons réellement vivre dans une société saine et hétérosexuelle.
>
> Notre culture peut donner une image négative, répressive et perverse du sexe, en l'associant aux notions de péché, de maladie, de honte et de culpabilité. Ou bien, souhaitons-le, elle peut concevoir la sexualité en termes positifs, permissifs et naturels, afin de la rapprocher des notions de joie, de beauté, de bonne santé, de plaisir et d'épanouissement.

Monroe répond « Chanel n°5 ». (NDT)

> Le sexe existe avec ou sans amour, et sous ces deux formes, il fait beaucoup plus de bien que de mal. Tenter de le refouler est presque toujours dangereux, que ce soit pour les individus ou pour la société dans son ensemble.

Pour l'Amérique pragmatique des années cinquante, la force de ces idées vient du rapport étroit qu'elles entretiennent avec la notion de naturel, l'idée selon laquelle on peut justifier toute action ou attitude en montrant qu'elle est en accord avec ce que seraient réellement les gens s'ils vivaient à l'état de nature. La sexualité se prête particulièrement à ce genre d'interprétation, car elle semble de prime abord, du moins dans notre culture, profondément « biologique », indissociable du corps. Et Monroe, en plus d'être l'image de la sexualité, personnifie également la notion de naturel. D'une part, sa spontanéité apparente garantit l'authenticité de sa sexualité, comme la sincérité, le dynamisme ou la simplicité attribuées à d'autres stars garantissent l'authenticité de leur personnalité. D'autre part, cette spontanéité construit une image de la sexualité en accord avec le discours tenu par *Playboy*.

Le lien entre la spontanéité de Monroe et sa sexualité a si souvent été souligné qu'il est inutile de multiplier les exemples. À l'époque, critiques et chroniqueurs y faisaient constamment référence et, rétrospectivement, de nombreuses personnes qui ont côtoyé Monroe ont parlé d'elle en ces termes. Jayne Mansfield, à qui l'on avait proposé d'apparaître nue sur une plage nudiste de Rio de Janeiro et qui avait refusé, aurait déclaré : « Dommage que je ne sois pas Marilyn Monroe. Elle est tellement naturelle. Moi, je ne serais pas à l'aise ». Bien qu'on ait toujours parlé d'elle comme d'une clone de Monroe, Mansfield avait parfaitement compris ce qui séparait son image de celle de Marilyn. La comparaison de leur pose et de leur expression sur deux photos par ailleurs très semblables fait apparaître clairement ce qui les différencie. Juste après la mort de Monroe, Diana Trilling (1963, p.236) écrit un article sur la star qui reprend la perception dominante de Marilyn : « Seule Marilyn Monroe pouvait évoquer le ravissement sexuel avec autant de pureté. » Monroe elle-même déclare, dans sa dernière interview : « Je crois que le sexe n'est agréable que lorsqu'il vient naturellement et spontanément. » Il faut rester très prudent car de telles déclarations sont pleines d'ambiguïtés. Par exemple, ceux qui définissent sa sexualité en terme de « naturel » décrivent en fait *leur propre réaction* à la présence de Monroe. Nombre de ces témoignages contiennent également des allusions au caractère « pervers » (« non naturel ») de la « véritable » sexualité de Monroe. Mais ce qui doit nous intéresser ici n'est pas la vérité sur Monroe, mais plutôt l'image de spontanéité inoffensive qu'elle projetait, et le fait que cette image apparaissait alors comme résolument nouvelle. Une photo publicitaire de studio, un gag et quelques films vont nous permettre de mieux comprendre cette image.

En 1950, après avoir signé un contrat de sept ans avec la Fox, Monroe est photographiée par Philippe Halsman avec d'autres actrices engagées par le studio. S'il est vrai que Monroe est aujourd'hui la seule femme que nous pouvons reconnaître sur cette photo, ce n'est pas la seule raison pour laquelle on la remarque. C'est peut-être Halsman qui a placé Monroe au centre et lui a demandé de regarder vers l'objectif (contrairement aux regards hors-champ ou plus maniérés des autres actrices, celui de Monroe s'adresse directement au spectateur). La pose très simple et détendue qu'elle adopte pourrait aussi être attribuée à Halsman, sa coiffure apparemment naturelle à un coiffeur talentueux et sa chemise très ordinaire au choix d'une costumière. Il est évidemment impossible de savoir qui prit alors toutes ces décisions, Monroe ou quelqu'un d'autre. Mais là n'est pas le problème. En effet, l'ensemble des écrits biographiques sur Monroe suggère en effet que si d'autres personnes faisaient effectivement ce type de choix pour Monroe, c'est parce qu'ils la percevaient déjà comme naturelle et spontanée. Tout aussi important est le fait que personne, en 1950, ne se serait demandé qui était responsable de la sensation de spontanéité et de naturel qui émanait de Monroe. Ce qui est frappant dans cette photo, c'est le contraste entre les poses artificielles des autres actrices, chacune incarnant un stéréotype féminin de l'époque, et l'ingénuité de Monroe ; contraste qui donne à toutes les autres un air pincé et à Monroe un air naturel. Beaucoup de photos de pin-up faites par Monroe à cette époque ont cette même qualité et le contraste mis en évidence ici donne une idée assez précise de la différence qui commençait déjà à séparer Monroe des autres images de féminité.

Une telle approche peut sembler laborieuse, mais il me semble qu'il est nécessaire d'être le plus précis possible. Le sex-appeal soi-disant naturel de Monroe va en effet largement influencer le style des starlettes et des pin-up que les studios produisent alors en flux continu. Certes, il ne s'agit que d'apparences, mais ce sont bien les apparences et le sens qu'elles génèrent, qui nous intéressent ici. Pour dires les choses autrement, il semble raisonnable d'affirmer qu'aucune autre actrice présente sur la photo d'Halsman n'aurait pu incarner la spontanéité si essentielle à *Playboy* pour sa page centrale, ni d'ailleurs les sosies de Monroe comme Jayne Mansfield ou Mamie van Doren. Et ceci non seulement parce que la photo du calendrier « Golden Dreams » exprimait cette spontanéité par elle-même ; mais aussi et surtout parce que le lien entre Monroe et la notion de « naturel » était devenu, en 1953, suffisamment puissant pour qu'elle connote immédiatement et sans ambiguïté possible la spontanéité.

D'autres stars ont vu leur image façonnée dans un sens très proche de celui de Monroe, mais, généralement, cette caractéristique n'était pas liée à la sexualité. La jeune femme assise à côté de Monroe sur la photo a cette simplicité presque asexuée (ou peut-être secrètement sexuelle) dont June Allyson est un des exemples les plus charmants. Mais Monroe parvient à mêler simplicité *et* sexualité débridée, notamment à travers un type de gag que l'on perçoit comme illustrant fidèlement sa personnalité. Si la forme de ces gags les inscrits dans la tradition du personnage de la blonde idiote, la *dumb blond* (cf. Dyer, 1979), leur contenu, quasiment toujours lié à la sexualité, les en éloigne. La plaisanterie que fait Monroe devant les troupes en Corée en février 1954 est un exemple particulièrement frappant : « Je ne sais pas ce que les garçons trouvent aux filles en pull moulant. Enlevez-leur le pull, et qu'est-ce qui leur reste ? » Si Monroe semble ici faire allusion aux autres stars féminines, c'est bien d'elle-même qu'elle parle ; d'elle, de son corps et de ses seins, si récemment montrés dans *Playboy.*

Si la plaisanterie est astucieuse, elle est également, dans ce contexte, un peu idiote, car Monroe est bien une « blonde idiote ». Or, la sottise de la « blonde idiote » est par définition naturelle, car celle-ci ne perçoit pas le caractère rationnel du monde. Personnage hérité des idées de Rousseau, mais tout de même éloigné de sa conception de la nature profonde de l'être humain, elle n'est pas souillée par l'impureté du monde. En effet, l'innocence que suppose une telle plaisanterie est avant tout synonyme de bêtise et n'a rien à voir avec la sagesse attribuée par Rousseau à la femme dans son état de nature. Cette innocence est d'ordre sexuel et signifie en fait une ignorance de la sexualité. Ce qui rend drôle la « blonde idiote » est le fait qu'elle soit toujours extraordinairement attirante, le comique venant du contraste entre son innocence et sa puissance sexuelle, et de la manière dont son pouvoir de séduction entraîne les hommes dans son univers irrationnel. Ce potentiel comique devient particulièrement intéressant lorsque les ambiguïtés qui le constituent sont mises à jour. L'irrationalité de la « blonde idiote » est peut-être la sagesse d'un Diogène (comme l'est Judy Holliday dans *Une femme qui s'affiche*), ou encore un moyen de manipuler les hommes (comme le fait Carol Channing dans la version théâtrale de *Les hommes préfèrent les blondes*). Mais l'image de Monroe ne s'inscrit pas dans ce type de schéma, car elle modifie radicalement le fonctionnement comique de la « blonde idiote ». Dans ses films, le comique n'est pas suscité par une incapacité à adopter un point de vue rationnel, mais plutôt par l'innocence avec laquelle elle aborde le domaine de la sexualité. Mais il ne s'agit pas non plus d'un jeu qui opposerait sexualité et innocence, car avec Monroe, la sexualité *est* innocente. La plaisanterie sur les pulls moulants n'est pas drôle parce que Monroe est salace sans le savoir, comme l'est la « blonde idiote », mais au contraire parce qu'elle lui permet de revendiquer gaiement sa puissance d'attraction sexuelle. Monroe connaît le sexe et la sexualité ; ce qu'elle ne connaît pas, c'est l'opposition entre culpabilité et innocence, car pour elle, le sexe est naturel.

Plusieurs films de Monroe jouent sur ce rapport naturel et déculpabilisé à la sexualité. *Les Désaxés* fait systématiquement l'équation entre Monroe/Roslyn et la nature, équation qui comprend une attitude décontractée par rapport au sexe. *Chérie, je me sens rajeunir* et *Le Prince et la danseuse* sont encore plus intéressants à ce niveau. L'histoire de *Chérie...* repose sur l'invention d'un médicament permettant de rajeunir. Lorsque des adultes l'absorbent, ils redeviennent jeunes, c'est-à-dire indisciplinés (comme les singes du laboratoire) et sexuellement « éveillés ». En ce qui concerne le personnage de Cary Grant (Barnaby Fulton), cette transformation est représentée par son changement d'attitude envers le personnage de Monroe (Miss Laurel). Au début du film, lorsqu'elle découvre sa jambe pour lui montrer ses bas, Barnaby est simplement gêné ; mais après qu'il a absorbé le médicament, il se lance spontanément (= « de manière naturelle ») dans une escapade endiablée avec Miss Laurel. Et le gag vient ici du fait que ce qui est tout à fait exceptionnel pour lui, apparaît comme parfaitement normal pour elle. Fonçant sur l'autoroute dans la voiture que Barnaby a achetée de manière impulsive (= « naturelle »), Miss Laurel penche la tête arrière, laissant ses cheveux voler au vent, ouvre la bouche et laisse échapper un petit rire. C'est l'image de Monroe par excellence, utilisée ici pour exprimer l'acceptation naturelle du plaisir des sens. Le fait que la sexualité fasse partie de ces sensations est clairement exprimé ailleurs dans la séquence.

Le Prince et la danseuse oppose, dans un esprit à la Henri James, Monroe, l'Américaine, proche de l'enfance, émotive, simple, et Laurence Olivier, l'Européen, adulte, rationnel et sophistiqué. Lorsque Olivier (le Régent) se lance dans une tirade mélancolique et un peu ampoulée où il se plaint d'être « un prince endormi, attendant le baiser de la jeune femme qui le ramènera à la vie », Monroe (Elsie) lui dit : « Vous voulez que je vous embrasse, c'est ça ? » ; ce à quoi il répond d'un ton las : « Vous êtes tellement terre-à-terre. » Elsie/Monroe accepte la sexualité, sans timidité ni pudeur feinte, mais également sans arrière-pensée salace.

Le film est cependant assez incohérent en ce qui concerne l'innocence d'Elsie. Au début, ses répliques suggèrent qu'elle ne sait pas pourquoi le Régent l'a invitée à l'ambassade. « Très bonne question », lui dit sa colocataire, avec une ironie sèche que Monroe n'utiliserait jamais. Mais quand elle voit arriver le dîner préparé pour deux, elle explique qu'elle connaît « toutes les règles » du jeu de la sexualité et tente de partir. Ce type de contradiction, où Elsie est tantôt innocente, tantôt parfaitement au fait des règles de la séduction, empêche le film de réaliser cette combinaison entre connaissance du domaine sexuel et innocence qui est au cœur de l'image de Monroe.

La notion de naturel, incarnée et donc défendue par Monroe, est explicitée dans la « philosophie » de *Playboy*. À ce niveau, il s'agit d'une attitude qui se considère comme progressiste, adversaire des tabous. Lorsqu'il analyse le discours des partisans de « l'hypothèse répressive », Michel Foucault (1976, p. 14) décrit bien l'impression qui se dégage de ce schéma de pensée : « conscience de braver l'ordre établi, ton de voix qui montre qu'on se sait subversif, ardeur à conjurer le présent et à appeler un avenir dont on pense bien contribuer à hâter le jour ». L'ironie de Foucault vient du fait qu'il ne considère pas la sexualité comme refoulée, mais plutôt comme construite, avec toujours plus d'insistance à notre époque, comme instrument de pouvoir. Dans le même sens, l'approche féministe permet de montrer que l'objectif de *Playboy* est de redéfinir la domination masculine dans le domaine de la sexualité. Et la vision que le magazine a de lui-même et de l'effet que produisit son apparition, n'est pas aussi éloignée de la réalité qu'on pourrait le penser :

> *Playboy* a puisé son énergie aux mêmes sources que le milieu beat, le rock'n'roll, Holden Caulfield, James Dean, le magazine *Mad*, et tout ce qui était alors intéressant par le simple fait de ne pas se plier au conformisme ambiant. En fait, tout ce qui semblait un peu dangereux. (*Playboy*, juin 1979)

Playboy ne se réduit pas à sa philosophie affichée, il s'agit d'un ensemble cohérent, où la page centrale a notamment une grande importance. Si *Playboy* clamait haut et fort sa volonté de renverser l'ordre établi, le magazine cherchait avant tout à faire assimiler son discours de libération sexuelle par la population blanche des banlieues cossues, elle-même considérée comme la norme de l'Amérique des années cinquante (comme l'indique le titre du roman *L'Homme au complet gris*, publié en 1955). À ce titre, la plus grande réussite de *Playboy* en tant que magazine de charme sera de parvenir à être vendu dans les kiosques et les drugstores les plus ordinaires, loin des dessous de comptoir réservés aux magazines pour adultes. Cette réussite vient en partie de la sollicitation de signatures légitimes et prestigieuses, ainsi que d'autres stratégies du même ordre, mais la page centrale n'y est pas pour rien non plus. Grâce à elle, *Playboy* parvient à rendre banal le spectacle de la sexualité.

Dans le numéro anniversaire des 25 ans de *Playboy*, David Standish émet l'idée que l'objectif du magazine a été de prouver que « les pin-up pouvaient être autre chose que des cartes postales pornos », qu'elles pouvaient être « la fille d'à côté[4] » (la rencontre entre la « photographie de nu artistique » et June Allyson = Marilyn Monroe). Standish prend la page centrale du numéro de juillet 1955, où figure Janet Pilgrim, comme pierre angulaire de ce projet :

> À l'époque, l'idée qu'une fille « respectable » pose dans le magazine était très choquante ! (...) Tout d'un coup, on voyait arriver des filles ordinaires comme Janet Pilgrim, qui avait tout d'une personne honnête et humaine, qui travaillait dans un vrai bureau (...) et non pas une nymphette hautaine et apathique. Un jour peut-être, si Dieu était de bonne humeur, elle serait cette fille que vous voyez tous les jours dans le bus et qui vous fait craquer.

Sept ans de réflexion, réalisé en 1954, s'appuie très exactement sur ce fantasme. Monroe y interprète la voisine du dessus dont le nom n'est jamais mentionné, le genre de fille qui pose pour les magazines de « nu artistique » que Richard Sherman (Tom Ewell) achète, et vient d'emménager par le plus grand des hasards au-dessus de chez lui. Le rêve *Playboy* devient réalité. À la fin du film, alors qu'il part retrouver sa femme, Richard demande à la jeune femme : « Comment vous appelez-vous ? » « Marilyn Monroe », répond-elle en plaisantant, le film montrant qu'il sait combien est fort le lien entre Monroe et la *playmate*.

Dans la manière dont elle est décrite par le magazine où elle pose nue, Janet Pilgrim ressemble à une deuxième Marilyn. Selon Standish, c'est une « blonde engageante » (nous reviendrons sur la blondeur) « que nous découvrons d'abord penchée sur sa machine à écrire » (Monroe joue une secrétaire dans *Hometown Story* [1951], *Rendez-moi ma femme* [1951] et *Chérie, je me sens rajeunir* [1952]), « et qui, deux pages plus tard, se trouve à la table d'un restaurant raffiné, habillée de quelques diamants » (cf. le grand numéro de Monroe dans *Les hommes préfèrent les blondes* [1953] ; « Diamonds Are a Girl's Best Friend », a un tel succès qu'il sera repris en 1954, pour le défilé de mode de *Comment épouser un millionnaire ?*). Pilgrim/Monroe banalise l'attraction sexuelle (à travers l'imagerie de la secrétaire) tout en l'associant à

[4] « *The girl next door* ». Expression qui signifie « une jeune fille ordinaire ». (NDT)

la notion de possession, comme la maîtresse que l'on achète avec des diamants.

Arrêtons-nous un instant sur l'image de la secrétaire. Lorsque le secrétariat se développe à la fin du XIXe siècle, il est perçu comme un emploi assez prestigieux pour les femmes, à la fois intéressant et offrant des perspectives de promotion. Mais en 1950, taper à la machine est devenu un métier totalement trivial. Cette évolution est perceptible dans les fictions destinées aux femmes où, d'après l'étude effectuée par Donald R. Maskosky (1966, p. 38) sur les nouvelles publiées dans les magazines féminins de l'époque, « l'image de la secrétaire (...) est celle d'une employée compétente, mais qui ne doit pas espérer d'avancement. Pour elle, la promotion sociale ne peut passer que par le mariage ». D'ailleurs, les films de cette période qui ne ciblent pas un public uniquement féminin n'évoquent même pas la question de la « promotion sociale ». Le travail de secrétaire proprement dit y reste pratiquement invisible et les femmes occupant ces postes sont juste là pour être regardées par les hommes (cf. l'article de Jo Spence : « Mais à quoi les gens passent leurs journées ? », 1978-79). Une séquence de *Rendez-moi ma femme* montre deux policiers traversant le bureau où Monroe (Harriet) travaille, c'est-à-dire se regarde dans un miroir. Elle fait entrer les policiers dans le bureau de son patron et reprend son travail, qui consiste cette fois à arranger sa coiffure. D'après la manière dont le film représente la fonction d'une secrétaire, c'est en *cela* que consiste son travail, se préparer à être regardée. Dans *Chérie...*, le fait qu'elle soit incapable de faire du secrétariat est souligné, puis immédiatement évacué par une plaisanterie. Cary Grant et Charles Coburn la suivent des yeux jusqu'à la porte et l'un d'eux déclare : « N'importe qui peut taper à la machine. » Plus tard, Ginger Rogers (Edwina), piquée par la jalousie, qualifie Monroe de « petite pin-up », reprenant l'association établie par *Playboy* entre secrétaire et objet sexuel.

Une femme de ce genre est là pour les hommes : cela constitue le cœur du discours de *Playboy*, dont le sens implicite est que « le sexe, c'est pour l'homme », comme le dit un couple d'ouvriers interrogé par Lee Rainwater pour son étude *Les pauvres, eux, font des enfants* (1960). Les femmes sont devenues l'incarnation de la sexualité, comme l'explique Hollis Alpert (1956, p. 38) qui n'avait probablement pas de convictions féministes : « Hollywood a donné [au public] la sirène hollywoodienne – cette femme qui, par le simple fait d'exister, de se prélasser sur un tapis ou de flâner dans la rue – est censée représenter à elle seule tout l'éventail de la sexualité humaine. »

Les femmes semblent *être* la sexualité, mais cela signifie avant tout qu'elles sont le vecteur par lequel se concrétise la sexualité masculine. Monroe parle de son physique très sexué – ses seins dans la plaisanterie des pulls moulants, ou ses fesses dans une réplique au début de *Sept ans de réflexion* : « Mon popotin est coincé dans la porte[5] ». Cependant, dans le discours construit par *Playboy*, elle ne se réfère pas à sa propre perception de son corps, mais à la perception qu'ont les autres – en fait, les hommes – de ce corps. En incarnant la partenaire sexuelle idéale, elle devient, en tant que femme, le moyen par lequel la sexualité masculine peut s'exprimer sans culpabilité.

La sexualité construite par le discours de *Playboy* et celui de Monroe est d'une simplicité idyllique, conception qui perdure jusqu'au début des années 60. Ainsi, Maurice Zolotow, dans sa biographie très complaisante, *Marilyn Monroe* (1961, p. 94), réduit à néant la complexité de la sexualité humaine : « Il existe peu de plaisirs aussi immédiats et naturels que la vue d'une belle jeune femme dévêtue. » En 1956, lorsque Monroe vient en Angleterre pour tourner *Le Prince et la danseuse*, le *Evening News* écrit : « Elle est aussi appétissante que des fraises à la crème ». Dans son livre *Marilyn*, écrit en 1973 mais fortement marqué par la sensibilité des années cinquante, Norman Mailer puise inlassablement dans la même imagerie :

> Non, vous suggérait Marilyn, le sexe est peut-être une expérience difficile et dangereuse avec d'autres, mais avec moi c'est de la glace à la vanille. (...) L'immanence sexuelle de son visage s'offrait sur l'écran telle une pêche juteuse qui s'ouvre sous vos yeux. (...) si voluptueuse et pourtant si peu inquiétante. (p. 15)

Mailer rend ici explicite ce dont beaucoup d'autres avaient seulement l'intuition : le fait que le personnage de Monroe permet

---

[5] Jeu de mot intraduisible : « *fan* » signifie à la fois ventilateur et popotin .

d'échapper à la menace que représente la sexualité féminine, et notamment à la nécessité pour l'homme de prendre en compte le plaisir sexuel féminin. Comme l'explique le *Reader's Digest* en 1957 : « Ce que veulent les maris », c'est, tout simplement, « du plaisir sexuel, sans avoir à s'inquiéter de celui de leur épouse » (cité par Miller et Nowak, pp. 157-58).

Être désirable

Monroe n'est pas seulement l'incarnation du projet de « libération » sexuelle de *Playboy*, elle rassemble également toutes les qualités que l'on recherche chez la *playmate*. Être désirable est la première qualité que les femmes américaines sont invitées à cultiver afin de rendre les hommes (et par-là même, elle aussi) heureux. En 1953, Lelord Kordel déclare par exemple dans *Coronet :* « La femme avertie sait rester désirable. Elle a pour devoir vis-à-vis d'elle-même d'être féminine et désirable aux yeux du sexe opposé. » (cité par Miller et Nowak, 1977, p.157) « Aux yeux du sexe opposé. » Même si elle est banale, la référence visuelle est fondamentale.

Monroe se conforme et participe à la construction de ce qui rend les femmes désirables. Il s'agit bien sûr d'un ensemble de caractéristiques, mais avant tout, c'est une position sociale, car la femme désirable est blanche. La *playmate* ordinaire est blanche et le plus souvent blonde. Même brune, Monroe aurait pu devenir une star, mais jamais l'incarnation ultime de la femme désirable.

Pour devenir l'objet idéal, Monroe devait être blanche. Et pas seulement blanche, mais aussi blonde, c'est-à-dire la plus blanche possible (Monroe n'était pas blonde ; elle commence à teindre ses cheveux en 1947). Ce trait racial a un double rapport avec la sexualité. Tout d'abord, la femme blanche est perçue comme la possession la plus précieuse de l'homme blanc, l'objet que toutes les autres races lui envient. La culture populaire colonialiste du Sud abonde en images développant cette idée, qui reste aujourd'hui très influente dans l'imagerie raciale développée au XXe siècle. De là vient l'idée de la « Déesse Blanche » universellement désirée (et décrite, dans des travaux « anthropologiques » tels que *The White Goddess* de Robert Graves, comme étant présente dans la totalité des cultures humaines) et explicitement mise en scène par Rider Haggard dans *She* ainsi que dans nombre de films. Possession précieuse, la femme blanche est ensuite constamment menacée de viol, que ce soit dans la littérature ou au cinéma, deux exemples mémorables étant *Naissance d'une nation* et *King Kong*, où la créature sortie de la jungle grimpe jusqu'au sommet du monde occidental en serrant dans ses bras une femme blanche. (Dans le remake, Jessica Lange prend d'ailleurs l'accent de Monroe.)

La blondeur, et surtout la blondeur platinée (ou peroxydée), est le signe ultime de la blancheur. La chevelure blonde est souvent associée à la notion de richesse, que ce soit à travers l'emploi du mot « platine » ou dans les photos de pin-up qui établissent un lien visuel entre les cheveux, une robe blanche ou dorée et des bijoux (n'oublions pas ici le titre du calendrier où Monroe pose nue : « *Golden* Dreams »). La blondeur distingue clairement la femme « blanche » de la femme « noire », « brune » ou « jaune », et assure à l'observateur qu'il a affaire à un article authentique. L'hystérie suscitée par le doute à propos de la « blancheur » est absolument stupéfiante. *Naissance d'une nation* va ainsi jusqu'à suggérer que la gouvernante métisse du député Steven est en partie responsable de la guerre de Sécession ; dans *Show Boat* [6], le fait d'être métisse transforme Julie en personnage tragique ; dans *L'Arbre de vie* (1957), la simple idée qu'elle soit métisse fait perdre la raison à Elizabeth Taylor (tous ces films sont tirés de best-sellers). La carrière cinématographique de Lena Horne est également instructive. Femme noire à la peau très claire, elle n'a pu tenir la vedette qu'en tant que tentatrice pour les hommes noirs dans une comédie musicale destinée aux Noirs, où sa beauté tient dans le fait que sa peau est très claire. Elle n'obtiendra jamais de rôle important dans des films destinés aux Blancs, la clarté de sa peau pouvant faire d'elle un objet de désir et donc bouleverser la hiérarchie raciale du désirable.

La femme blanche n'est pas seulement la possession la plus précieuse du patriarcat blanc, elle fait également partie de la symbolique qui définit la sexualité elle-même. La chrétienté associe depuis toujours le péché avec l'obscurité et la sexualité, la

---

[6] Comédie musicale adaptée trois fois à l'écran, en 1929, 1936 et 1951 : dans cette dernière version, c'est Ava Gardner qui interprète le personnage de Julie (NDT)

vertu avec la lumière et la chasteté. Avec le déni de la sexualité féminine (réduite à un problème), qui se renforce à la fin du XIXe siècle, la sexualité est de plus en plus étroitement associée à la masculinité. Dans les cultures anglo-saxonnes, les hommes sont alors perçus comme déchirés entre leur face sombre, faite de pulsions sexuelles animales, et leur face spirituelle, vertueuse, rachetée dans l'imagerie victorienne par la chasteté de la femme[7]. Les deux extrêmes définis par cette juxtaposition de stéréotypes raciaux et sexuels sont l'étalon violeur noir et la jeune vierge blanche. Dans les années cinquante, de telles caricatures se font plus rares et ne comportent plus nécessairement les équations morales « sexuel = mauvais » et « non-sexuel = bon ». Cependant, l'association entre peau sombre et sexualité masculine pulsionnelle, et entre teint clair et désirabilité féminine reste très enracinée. La relation sexuelle et amoureuse qui constitue le cœur du roman *Peyton Place*, entre Connie MacKenzie et Michael Kyros, est largement construite sur cette opposition. Le personnage de Connie est développé à travers le regard admiratif de l'amie de sa fille, Selena (aux cheveux noirs, pauvre et rapidement déflorée). Selena aimerait aussi avoir une « mère blonde extraordinaire et une grande chambre rose et blanche », comme Alison, la fille de Connie (Metallious, 1957, p. 39). Quant à Michael, le narrateur le définit comme un homme « dont la beauté émanait de sa peau sombre, de ses cheveux noirs, avec une puissance explicitement sexuelle » (ibid., p. 103). Pour les habitants de la ville, le couple est formé par « le Grec, immense et ténébreux » et « la blonde bien faite » (ibid., p. 135). Leur passion est consommée lorsqu'il lui fait l'amour « brutalement, douloureusement » (p. 135), c'est-à-dire lorsque cette femme désirable est prise, emportée par la pulsion masculine. À travers cette opposition entre l'ombre et la lumière, la femme blonde représente non seulement la femme la plus désirée, mais surtout la plus essentiellement féminine de toutes les femmes.

La blondeur de Monroe est souvent soulignée dans ses films, mais seule la première séquence au saloon dans *Arrêt d'autobus* semble s'y attarder. Beau déboule dans le bar et voit immédiatement Cherie, l'ange qu'il dit chercher partout. Ses mots

[7] cf. Leslie A. Fiedler, *Love and Death in the American Novel,* Dalkey Archive Press, 1977 [1960] (NDT)

insistent alors sur la blancheur de Monroe : « Regardez comme elle brille, si pâle, si blanche. » C'est sur elle qu'il projette ses désirs et la chanson qu'elle entonne semble montrer qu'elle l'a compris : « Cette magie *noire* que *tu* tisses si bien ».

En plus d'être blonde, Monroe avait, ou semblait avoir, plusieurs traits de caractère qui définissent le féminin désirable dans les années cinquante. Elle ne fait pas de complications, elle est vulnérable et elle semble s'offrir à celui qui la regarde : elle est disponible. Elle incarne, pour reprendre la citation, « ce que veulent les maris » chez une épouse : le plaisir sexuel sans avoir à se préoccuper de la satisfaire. Là encore, c'est ainsi que Norman Mailer imagine le sexe avec Monroe : « [...] difficile et dangereux avec d'autres femmes, mais aussi agréable que la crème glacée avec elle ». Monroe, image surdéterminée en termes de sexualité, n'en évoque pourtant jamais les dangers. Elle n'a rien à voir avec la femme fatale du film noir, ni avec des stars sur-érotisées comme Clara Bow, Marlene Dietrich, Jean Harlow ou même Greta Garbo, toutes plus ou moins dangereuses pour les personnages masculins qui les côtoient. Au moment où Monroe était en train de devenir une star, la Fox lui donne deux rôles de ce type – une baby-sitter psychotique dans *Troublez-moi ce soir* en 1952, et une femme adultère dans *Niagara* en 1953. Malgré le succès commercial (à cette époque, n'importe quel film avec elle aurait rempli les salles), ces rôles ne sont pas pour elle, comme le font remarquer la plupart des critiques de *Niagara*[8]. Dans un article sur Monroe dans *Picturegoer* (9/5/53), Denis Myers comprend bien que le charme de Monroe n'a rien à voir avec la notion de menace sexuelle : « Dans *Niagara*, elle doit nous convaincre qu'elle est désirable. Marilyn y parvient. Mais une *femme fatale* ? Je ne sais pas... »

Plusieurs des grands films de la Fox semblent, au niveau du scénario, lui donner certains aspects castrateurs. Passablement

[8] Il ne s'agit pas ici de porter un jugement sur son talent de comédienne. De nombreux observateurs, à l'époque et plus tard, estiment que sa performance dans *Troublez-moi ce soir* (1952) est du meilleur niveau (ce n'est pas le lieu pour débattre des critères d'une telle évaluation). Il n'est pas question de chercher à savoir si Monroe pouvait interpréter des femmes « dangereuses », mais plutôt de savoir si son image lui permettait de jouer de tels rôles de manière convaincante. Je montre ici que cela s'avère globalement impossible.

vénale dans *Les hommes préfèrent les blondes* et *Comment épouser un millionnaire ?*, elle utilise le désir qu'elle éveille chez les hommes pour obtenir de l'argent. Dans *La Joyeuse Parade*, elle interprète une danseuse de revue qui se sert de l'intérêt qu'elle éveille chez Tim (Donald O'Connor) pour faire avancer sa carrière. Mais elle s'avère si « idiote » et si myope dans *Comment épouser...* qu'elle finit avec un milliardaire ruiné et dans *La Joyeuse Parade*, le film prend soin de nous expliquer qu'elle ne voulait pas trahir Tim. *Les hommes préfèrent...* paraît plus complexe, mais il me semble que Monroe ne suggère pas de connotation manipulatrice à son personnage. (Voir la lecture différente que fait Pam Cook dans *Star Signs*, pp. 81-82).

Dans ses rôles plus tardifs, les bouleversements provoqués par l'arrivée d'une femme au fort potentiel sexuel sont atténués. D'ailleurs, l'objectif des films semble être de permettre à Monroe de réparer les problèmes que sa sexualité a provoqués. Dans *Sept ans de réflexion*, Richard (Tom Ewell) est heureux de retourner auprès de sa femme ; dans *Arrêt d'autobus*, Beau (Don Murray) séduit la jeune Cherie (Monroe) et rentre dans son ranch ; et dans *Le Prince et la danseuse*, Elsie (Monroe) réconcilie le roi (Jeremy Spenser) et son père, le régent (Olivier). Cette structure narrative – équilibre, perturbation et retour à l'équilibre – est tout à fait ordinaire. Mais ici, la source de la perturbation (Monroe, parce qu'elle *incarne* la sexualité) et son remède sont incarnés par le même personnage et la même personne, Monroe.

Monroe est désirable parce qu'elle est inoffensive, mais aussi parce qu'elle est vulnérable. Dans son étude sur le viol, *Against our Will*, Susan Brownmiller (1975, p. 333) explique qu'il existe « une croyance profondément enracinée (...) selon laquelle notre pouvoir d'attraction sexuelle est proportionnel à notre capacité à jouer la victime ». Les femmes jouent « le rôle de blessure vivante », une attitude qui touche « au cœur même de notre sexualité ». Brownmiller cite Alfred Hitchcock, qui cherchait toujours « une certaine vulnérabilité » chez ses actrices principales, et rappelle que dans le dictionnaire, « vulnérable » signifie « susceptible de souffrir, d'être blessé, sans défense face aux attaques et à la violence » (p. 334). Hitchcock choisissait des stars féminines qui « donnaient l'impression qu'elles pouvaient souffrir, qu'on pouvait les "avoir" ». Brownmiller ajoute : « Et je pense que Hitchcock parlait ici au nom de toute la profession ». Selon elle, Monroe est probablement « l'exemple le plus célèbre et le plus soigneusement construit » du syndrome de « la belle victime » (p. 335).

Dans ses films, Monroe ne subit que rarement des violences d'ordre physique. Par contre, elle est souvent manipulée ou humiliée, notamment lorsqu'elle se retrouve à la merci du regard du protagoniste masculin. Cependant, dans deux de ses films considérés comme faisant partie des meilleurs, *Arrêt d'autobus* et *Certains l'aiment chaud*, cela va beaucoup plus loin. Dans *Arrêt d'autobus*, le personnage de Cherie rêve de quitter les bars minables où elle se produit pour devenir une vedette et « se faire un peu respecter ». Bien que ce film marque son retour à Hollywood (après qu'elle ait interrompu sa carrière pour étudier à l'*Actor's Studio* à New York) et qu'elle en soit manifestement la star, le projet qui fonde le récit n'est pas le sien, mais celui de Beau (Don Murray) : trouver son « ange » ; et la sens général du récit est le renoncement de Monroe, qui, en acceptant d'épouser Beau, abandonne ses rêves au profit de ceux du jeune homme. Un des moments clefs du film – que nous sommes invités à trouver drôle – est celui où Beau attrape Cherie au lasso alors qu'elle s'apprêtait à le quitter en prenant le bus. Le récit montre qu'elle est incapable de résister à la volonté de conquête masculine et le film nous invite à rire de ses tentatives pathétiques de s'y opposer.

Certains l'aiment chaud est plus insidieux, le comique du film reposant sur le fait que Monroe/Sugar se place dans une position de vulnérabilité parce qu'elle croit être en sécurité. Blessée par les hommes, Sugar décide de fuir leur compagnie en s'engageant dans une troupe exclusivement féminine. Parce qu'elle est crédule (et parce que, comme toute farce, *Certains l'aiment chaud* s'appuie sur le fait que certains personnages croient à des déguisements totalement transparents pour le spectateur), le film la place dans des situations où elle baisse sa garde, notamment dans la séquence des toilettes du train, avec Joe (Tony Curtis) qui est déguisé en femme. Se croyant protégée dans cet espace féminin, elle ne se méfie pas de lui. Sous son regard libidineux (et, bien sûr, celui du spectateur), elle soulève sa jupe pour prendre une flasque qu'elle garde dans sa jarretière, puis rajuste son décolleté devant la glace.

Parce qu'une femme ne ferait jamais cela devant un homme, Joe/Curtis et le public masculin visé violent à la fois cet espace féminin et l'intimité de Monroe. De plus, la séquence jette les bases d'une intrusion encore plus directe. Sugar explique en effet à Joe qu'elle veut épouser un homme riche qui porte des lunettes. C'est grâce à cette information que Joe se déguise en millionnaire myope et l'attire sur « son » yacht, au cours d'une des séquences les plus célèbres du film. Se croyant à nouveau en sécurité car Joe lui a fait croire qu'il est impuissant, Sugar l'enlace et l'embrasse langoureusement. Le plaisir que la scène donne au spectateur n'est pas simplement celui de voir Monroe s'offrir à un homme, mais aussi celui de savoir qu'elle est vulnérable, qu'elle se retrouve exactement là où nous sommes censés vouloir qu'elle soit.

La vulnérabilité de Monroe vient également de certains aspects de sa vie personnelle, qu'il est tout à fait possible de lire comme une liste interminable de malheurs prouvant combien elle a été facilement et souvent blessée. Une brève liste des « faits » fréquemment mentionnés à son propos suffira à le démontrer, même s'il ne faut pas oublier que certains sont totalement faux et d'autres très exagérés :

– fille illégitime d'une mère qui faisait des séjours réguliers en hôpital psychiatrique ;

– ballotée entre plusieurs familles d'accueil ;

– long séjour dans un orphelinat (parfois présenté en termes misérabilistes dans les biographies, les articles ou les interviews) ;

– violentée à l'âge de neuf ans ;

– régulièrement paralysée par des règles douloureuses ;

– trois mariages qui se sont mal terminés ;

– stérile, victime de plusieurs fausses-couches ; nymphomane frigide (un bel exemple des catégorisations concernant la sexualité féminine dans les années cinquante !) ;

– si pénible dans le travail que Tony Curtis a déclaré que l'embrasser revenait à embrasser Hitler ;

– elle s'est suicidée, a été assassinée ou est morte d'une overdose de médicaments qu'elle prenait régulièrement.

Cette litanie bien rôdée traverse toutes les références rétrospectives faites à propos de Monroe, le plus souvent accompagnée de citations de la comédienne elle-même, comme, par exemple, dans deux livres consacrés aux célébrités mortes dans leur jeunesse : Marianne Sinclair, dans *Those Who Died Young*, cite le poème écrit par Monroe et publié après sa mort dans *McCalls* en 1962 :

> Au secours !
> Au secours ! Je me sens revenir à la vie
> Alors que je veux mourir

Patricia Fox Sheinwold (1980), dans *Too Young to Die*, utilise une autre citation : « Je n'ai jamais eu confiance en moi, j'ai toujours eu l'impression de gêner – mais surtout, j'ai toujours eu peur. Je crois que ce que je voulais par-dessus tout, c'est être aimée. »

Cette vulnérabilité établit nécessairement une relation de pouvoir avec le lecteur de tous ces récits, et il est nécessaire d'analyser soigneusement cette relation. En effet, ce qui compte réellement ici, c'est la manière dont la vie de Monroe est inéluctablement racontée à travers sa sexualité. Pas seulement le fait d'avoir des rapports sexuels, mais l'interaction entre la sexualité, la menstruation, la fécondité, le mariage, etc. De plus, les problèmes de Monroe sont invariablement liés (et ce, souvent à travers ses propres déclarations) à un besoin d'amour qui signifie, dans le vocabulaire des années cinquante, le besoin d'amour (hétéro)sexuel.

Inoffensive, vulnérable, Monroe semble toujours disponible, offerte. À l'époque, et encore plus par la suite, nombre d'observateurs ont défini les grandes étapes de sa carrière comme une succession de moments où elle s'offrait au regard des hommes – le calendrier « Golden Dreams », la scène de la grille de métro dans *Sept ans de réflexion*, tournée en pleine rue à Manhattan, sous le regard des passants, les robes déshabillées et fétichisantes qu'elle portait aux avant-premières, sa dernière séance de photos nues avec Bert Stern et la scène de *Something's Got to Give* où elle apparaissait également nue. Précision fondamentale, tout cela est toujours présenté comme le résultat de décisions prises par Monroe elle-même. Faisant souvent la Une des journaux, ces apparitions ne sont jamais perçues comme une manipulation médiatique, mais au contraire comme le résultat de la volonté de Monroe d'exposer sa sexualité au regard du monde. Ses interviews viennent corroborer ce point de vue. Maurice Zolotow (1961) cite Monroe, qui, en 1950, déclare, à propos de la première fois où elle mit du maquillage : « C'était la première fois que je me sentais aimée – personne n'avait jamais remarqué mon visage, mes cheveux ou moi, auparavant. »

Dans sa dernière interview, accordée à *Life*, elle parle de l'effet de ses pulls moulants sur les garçons qui étaient en classe avec elle, un effet qu'elle prenait grand plaisir à produire. Tant d'anecdotes, tant de remarques au cours des interviews – si Monroe était un objet sexuel, elle n'était pas seulement inoffensive et vulnérable, elle travaillait activement et avec enthousiasme à sa propre transformation en objet sexuel. Elle voulait être la *playmate* idéale, et elle l'était.

« Elle voulait être… » A la lumière de l'analyse proposée par les féministes sur la construction du désir, l'idée selon laquelle quelqu'un « veut » faire quelque chose, en référence à une volonté qui serait détachée de toute influence sociale, est proprement intenable. Monroe apparaît au moment du XXe siècle où le féminisme est presque entièrement oublié, et ses choix de carrière et ses déclarations viennent alors renforcer le mythe patriarcal de la *playmate* comme idéal de la féminité. Mais cette insistance sur sa volonté supposée de produire cette image est également une manière de parler de la personne qui incarne cette image. En d'autres termes, cela pose la question du sujet qui se cache derrière l'objet de désir.

Psychose

L'image de la *playmate* désirable si parfaitement incarnée par Monroe construit la sexualité féminine comme n'existant que pour les hommes. Mais en posant ainsi l'équivalence entre femme et sexualité, cette image pose également la question, ou plutôt le spectre, de la sexualité féminine, vécue du point de vue des femmes. L'image de Monroe s'articule de manière beaucoup moins claire par rapport à cela, notamment parce que ce qui la rend désirable et inoffensive est le fait que son image évacue la question de la sexualité féminine. Cependant, il est possible et nécessaire de déchiffrer cette image en se plaçant du point de vue féminin. D'une part, Monroe met en scène certains aspects du discours des années cinquante sur la sexualité féminine ; d'autre part, certains faits de sa biographie et certains de ses rôles font apparaître les difficultés et les contradictions que pouvait rencontrer une femme cherchant à incarner le rôle de la *playmate.* Ce sont ces contradictions, et le malaise qu'elles commencent à générer, qui feront dire à Brandon French (1978) que les femmes des années cinquante sont, pour reprendre le titre de son livre, « au bord de la révolte ».

Dans les années cinquante, le discours le plus légitime porté sur la sexualité féminine est celui de la psychanalyse. Les notions psychanalytiques se répandent et se popularisent de manière massive, dans les magazines, les fictions, l'assistance psychologique individuelle et familiale, le travail social, etc., sans parler du développement de l'analyse à proprement parler. Ce phénomène apparaît clairement dans les films de l'époque, en particulier dans les mélodrames, qui abordent de manière souvent explicite la question de l'inconscient, du refoulement, des pulsions, de la sexualité dans les relations familiales et de la sexualité en général. L'apparition du « western psychologique », les plaisanteries dans les comédies osées et le développement de la méthode Strasberg sont autant d'indices de la pénétration des concepts psychanalytiques, même très mal compris, dans la culture de masse. Un des exemples les plus remarquables de cette nouvelle tendance est la superproduction de science-fiction produite par la MGM, *Planète interdite,* dont l'intrigue repose sur la capacité du public à comprendre les notions de Ça et de Moi. On peut désigner cet ensemble de pratiques et de notions par le terme de psycho-discours, en référence à Hitchcock, dont les films font si souvent allusion à la psychanalyse, et qui prouve avec le titre de son film *Psychose* qu'un vaste ensemble de connaissances pouvait désormais être évoqué à travers une simple réplique.

Dans le cadre de ce que j'appelle le psycho-discours, la sexualité féminine dépend toujours de la sexualité masculine – parce qu'elle est définie soit comme une réaction à la sexualité masculine, soit comme une intériorisation du désir masculin, soit parce qu'elle ne peut exister que dans le cadre d'une relation hétérosexuelle. La première de ces trois conceptions phallocentriques de la sexualité féminine renvoie aux notions de désirable et de « disponible », la deuxième est liée à l'idée de narcissisme et la troisième renvoie au problème posé par l'orgasme féminin.

Dans les années cinquante, c'est le fait d'être désirable qui rend une femme séduisante. Mais, dans le psycho-discours, être désirable est également présenté comme une source de satisfaction pour la femme elle-même. Nous trouvons ici le discours correspondant à celui développé par *Playboy* sur la sexualité masculine, le « modèle dirigé par la pulsion », lui-même tiré d'une certaine école de psychanalyse. Comme l'explique Liz Stanley (1977, p. 10) dans son article « The Problematic Nature of Sexual Meanings » :

> La pulsion sexuelle active, celle qui doit être déchargée, est perçue comme essentiellement masculine. (...) La sexualité féminine est construite comme un contenant pour les pulsions masculines et pas comme une source active de désirs à part entière. C'est une sorte de « disponibilité » permanente.

Dans leur célèbre pamphlet, *Modern Woman : The Lost Sex*, Marynia Farnham et Ferdinand Lundberg (1947, p. 142) expliquent que « pour atteindre le plaisir sexuel, une femme doit être réceptive et passive, prête à accepter la dépendance sans éprouver de peur ou de ressentiment, exister dans son intériorité et être disponible ».

Selon Hélène Deutsch et Marie Bonaparte, une des sources du plaisir féminin est le fait de se « laisser emporter » par le désir masculin, lui-même preuve « du caractère désirable de la femme » (cité par Ryan, 1975, p. 283). Nous avons déjà constaté à quel point Monroe est montrée comme offerte, disponible. Dans les photos de pin-up, elle avance souvent une épaule pour se mettre en valeur ; dans le premier plan de *Niagara*, elle est allongée sur un lit, des draps de soie dissimulant son corps tout en nous laissant voir qu'elle a les jambes écartées ; sur les affiches de *Comment épouser un millionnaire*, c'est elle qui invite les passants à venir voir le film. J'ai également cité plusieurs de ses déclarations où l'on retrouve l'idée selon laquelle le plaisir sexuel féminin tient au fait d'être agréable à regarder.

Être agréable à regarder est un des fondements de la construction des femmes comme appartenant au « beau sexe » (cf. l'essai d'Una Stannard dans Gornick et Moran, 1971). Si, dans les années cinquante, le *sex appeal* masculin est depuis longtemps une marchandise de valeur, personne n'en parle jamais comme tel. En effet, lorsqu'un homme plaît aux femmes, c'est grâce à des qualités personnelles qui n'ont d'ailleurs pas forcément à voir avec la manière dont il traite les femmes. Au contraire, la désirabilité d'une femme dépend très largement de la manière dont elle se comporte avec les hommes. Ainsi, les femmes exprimant un intérêt activement sexuel pour les hommes sont généralement qualifiées, dans la culture de masse et dans la psychanalyse, respectivement de prédatrices et de névrosées. Les femmes étant définies comme agréables à regarder, il y a une certaine logique à affirmer que le désir féminin est suscité non par la vue des hommes, mais par la vue de leur propre corps par les hommes. En fait, par un rapport narcissique à l'autre. Dans le cadre du psycho-discours, le narcissisme apparaît à la fois comme un élément constitutif et normal de la sexualité féminine, et comme un problème, un déséquilibre. Ceci est tout à fait caractéristique de la manière dont ce discours, et le patriarcat en général, représentent la femme : ce qui fait qu'elle est normale la rend également étrange et, donc, une énigme pour les hommes.

L'image de Monroe est profondément marquée par la notion de narcissisme. Par exemple, on la montre souvent en train de se caresser le corps. Une des photos les plus massivement reproduites de tous ses films est tirée d'un très court plan de *Comment épouser un millionnaire*. Icône narcissique, Monroe est déhanchée, un bras jeté derrière la tête dans une attitude mimant parfaitement l'abandon, plusieurs miroirs lui permettant de se repaître de son reflet démultiplié. Les magazines se plaisent à évoquer cet aspect de sa personnalité : « Lorsqu'elle est seule, elle prend souvent des poses glamour devant un miroir en pied, admirant les 54 kilos magnifiquement répartis que tant de millions de fans admirent. »

Les notions de disponibilité et de narcissisme sont des projections sur les femmes de certains aspects de la sexualité masculine. Mais il existe également à l'époque un autre type de discours, qui attribue à la sexualité féminine une certaine indépendance. Il ne s'agit pas de la sexualité autonome que le mouvement féministe des années soixante-dix revendiquera, plutôt d'une sexualité dépendant implicitement des hommes, tout en étant très différente de la leur.

Sur le plan clinique, dans le cadre de la théorie et de la pratique psychothérapeutiques, ce discours est centré sur la notion d'orgasme vaginal[9]. Le rapport Kinsey sur les femmes contribue à mettre en avant la satisfaction sexuelle des femmes, mais, sur un point crucial, ses conclusions ne rencontreront pratiquement aucun écho. Le rapport explique en effet que le clitoris est l'organe à la source du plaisir sexuel féminin, mais, comme le montre Regina Maxwell Morante, cette découverte va être systématiquement ignorée, autant dans le battage médiatique qui entourera la publication du rapport, que dans la pratique psychothérapeutique elle-même : « L'influence persistante de la vision freudienne d'une "nature" féminine, ainsi que l'absence de mouvement féministe au début des années cinquante, ont considérablement réduit l'impact de la découverte la plus radicale de Kinsey. » (Morante, 1977, p. 574).

La psychanalyse affirme à l'époque que l'orgasme clitoridien est « immature » et même, selon Hélène Deutsch, « nuisible ». Au contraire, l'orgasme vaginal est décrit comme « authentique » et « réellement satisfaisant ». Mais à quoi ressemble cet orgasme ? Puisque les femmes sont censées l'atteindre, mais que nombre d'entre elles éprouvent la plus grande difficulté à le ressentir, il est nécessaire de le décrire afin que les intéressées sachent ce qu'elles doivent rechercher. Mais comment faire ?

L'orgasme masculin est doublement visible. Par le rôle actif de l'homme durant le rapport sexuel (son organe « pénètre », « frappe », « déchire », « broie », etc.) et par l'éjaculation (qui, dans les films pornographiques, constitue la preuve inlassablement répétée qu'on a « vraiment vu » un orgasme). Mais, toujours dans le cadre du psycho-discours, les femmes sont passives et n'émettent aucune substance. En conséquence, le vocabulaire utilisé pour décrire leur orgasme est vague, imprécis, mystérieux. Au niveau de la théorie psychothérapeutique, la description que Marie Robinson fait de l'orgasme féminin (« franchir les chutes du Niagara dans un tonneau ») est trop extraordinaire pour ne pas être mentionnée. Mais la description qu'en donne Anaïs Nin est encore

---

[9] Une autre notion majeure du psycho-discours est celle de masochisme, qu'on ne peut pas rattacher à l'image de Monroe. Il est vrai que Monroe est désirable parce qu'elle est vulnérable, ce qui la rapproche potentiellement du masochisme, de l'idée du plaisir dans la douleur. Cependant, si le spectateur est souvent invité à tirer du plaisir de sa souffrance, son image ne dit jamais qu'elle en tire un quelconque plaisir, au contraire.

plus caractéristique. Nin est souvent désignée comme une pionnière de la littérature érotique féminine, mais sa description des « deux types d'orgasme », le premier, le vaginal, étant le meilleur, est révélatrice :

> [Le premier], où la femme est passive, consentante et sereine, surgit miraculeusement de l'obscurité, l'envahissant et la faisant fondre. L'autre est une puissance active, une angoisse, une tension qui force la femme à le saisir [... et] qui produit un orgasme qui n'amène pas la satisfaction, mais la dépression. (cité par Ryan, 1975, p. 281)

Comme on peut s'y attendre, c'est une imagerie marine qui domine dans la littérature populaire. Par exemple, dans *Return to Peyton Place* (1960) : « Comme une digue face à l'océan, elle se laissa battre par le ressac et elle sentit la force de la marée qui, à la fin, sembla emporter son âme loin de son corps. » (Metallious, 1960, p. 182)

Si toutes ces descriptions renvoient à un organe précis (le vagin), elles évoquent une sensation qui envahit tout le corps, provoquant une extase totale, torrentielle et liquéfiante. Le lieu de l'orgasme masculin est le pénis, celui de l'orgasme féminin est le corps. Et l'aspect visible de l'orgasme vaginal est le corps féminin tout entier.

Je voudrais montrer que la représentation du corps de Monroe, qui s'inscrit dans une certaine tradition de la culture occidentale, mais s'oppose à l'image d'autres déesses voluptueuses du cinéma, s'appuie sur la même conception de la sexualité féminine que celle développée par le psycho-discours sur l'orgasme vaginal.

Le terme le plus évocateur permettant d'étudier cette correspondance a été explicitée par Mary Ellmann (1970, p. 74), dans son livre, *Thinking about Women*. Il s'agit de la notion d'absence de contour :

> L'idée selon laquelle les femmes manquent de contours sous-tend, souvent de manière positive, la représentation du corps féminin. (...) La chair des femmes (comme pourrait le dire Sade) est moins résistante, moins musclée que celle des hommes. Pincée, elle est marquée plus facilement. (...) La terre ferme est

masculine, la mer est féminine.

Dans son essai *The Nude Male*, Margaret Walters met elle aussi en évidence la distinction construite par l'art occidental entre les corps masculins et féminins. Elle compare deux statues grecques, représentant un homme et une femme dans des postures similaires. Or, le nu masculin dégage une impression de puissance, son mouvement global est tendu vers le haut, alors que le nu féminin, dont le mouvement est dirigé vers le bas, exprime la passivité. La texture même des deux corps, accentuée par le choix des matériaux, participe de cette opposition : le corps masculin est contracté et sa musculature mise en évidence ; le corps féminin est mou, uniforme et sa surface manque de contour. J'insiste sur le terme « contour ». Dans son analyse des formes dans l'art de l'après-Renaissance, Peter Fuller (1980) montre que la volonté de marquer le contour des objets est une manifestation de la vision rationnelle du monde qui tend à séparer le monde observé et le spectateur. Les contours séparent les choses les unes des autres et relèvent d'un procédé analytique. Ils permettent également de maintenir l'observateur à une distance « objective ». (C'est seulement avec Cézanne, et d'autres peintres précurseurs du modernisme, que ce type d'opposition commence à se désagréger, dans l'art en tout cas.) Ce point de vue rationnel, distancié, correspond également à la manière dont les hommes tendent à percevoir le monde.

Mon argumentation se fait ici en deux temps. Si le corps de la femme est habituellement perçu comme l'image fidèle de sa personnalité, alors, dans une période historique où personnalité et sexualité féminines se confondent, le corps féminin en vient à incarner l'idée même de la sexualité féminine. D'autre part, la sexualité féminine étant perçue comme essentiellement marine, liquéfiante, elle est représentée comme informe, molle et floue. Cependant, la sexualité incarnée par les stars féminines fortement érotisées ne correspond pas à cette image douce et liquide, « vaginale », définie par Ellmann, Walters et Fuller (du moins, dans l'usage que je fais de leurs travaux). Bien sûr, le corps des femmes est souvent montré comme mou, mais dès qu'il est question de leur sexualité *à elles*, leur image se durcit et devient plus « masculine », plus « phallique ». Les caractéristiques secondaires masculines tendent alors à apparaître : les épaules carrées de Greta Garbo et Joan Crawford, la voix grave de Marlene Dietrich ou les hanches étroites et la petite poitrine de Clara Bow, la garçonne. Souvent, leur corps est habillé d'une manière qui le « durcit » : les corsets de Mae West, les soutiens-gorge de Jane Russell, etc. En terme d'image publique, les premières déesses du sexe sont soit étrangères (que cela soit vrai ou faux), ce qui rend leur sexualité mystérieuse et incompréhensible (Theda Bara, Dietrich, Garbo, Anna May Wong), soit prédatrices comme les hommes (Clara Bow, Mae West, Jean Harlow). L'image de chacune de ces stars est évidemment plus complexe et plus contradictoire que cela, mais je n'en ai trouvé aucune qui incarne une sexualité à la fois affirmée (par la femme elle-même) et douce, inoffensive (même si Betty Grable, Rita Hayworth et Margaret Sullavan s'en rapprochent).

À ses débuts, Monroe elle-même n'était pas représentée ainsi. Ses premières photos de pin-up et ses premiers films la construisent souvent comme une silhouette bien délimitée, même si elle reste courbe et non pas droite, comme le serait celle d'un homme. Le tissu et les baleines des maillots de bain, ainsi que la pose de type « seins et fesses » déjà évoquée, ne créent pas une forme floue. C'est le calendrier « Golden Dreams » qui s'engage dans cette direction. Les teintes y sont plus douces et les contrastes plus atténués que dans les clairs-obscurs très découpés de la photo de « nu artistique », et les poses sont plus arrondies et langoureuses. Trois des images les plus célèbres des films de Monroe montrent bien la progression vers une forme plus molle qui culmine dans son type de gros plan le plus connu.

Ces trois moments sont sa démarche dans *Niagara*, le plan de la grille de métro dans *Sept ans de réflexion* et la séquence des *Désaxés* où elle joue avec une raquette et une balle. Dans *Niagara*, le déhanchement de Monroe est décrit par les critiques comme une ondulation, elle se « trémousse », se « tortille », son corps « serpente », etc. Un véritable florilège de termes connotant un mouvement indéfini qui n'a pas de limite ni de contour précis. Si, pour la scène de la grille de métro, Monroe prend une pose rigide, l'image construite pas le célèbre plan est celle d'un tourbillon, formé par sa robe qui ondule de manière très fluide. Enfin, dans la séquence des *Désaxés*, elle porte une robe à pois assez large qui coule autour de ses seins, formant une poitrine aux antipodes des obus pointus et rigides de l'époque des soutiens-gorge à baleine ; de plus, le cadrage souligne le va-et-vient de ses seins pendant qu'elle frappe la balle. Dans ces trois exemples, son corps est construit comme instable, liquide, vaginal.

Ceci est d'autant plus vrai pour son gros plan mythique. Reprise dans tous ses films, reproduite à l'infini, l'expression de son visage, même en photo, suggère le mouvement. Le magazine *Time* la décrit très bien : « les yeux mi-clos, humides, la bouche entrouverte, humide ». La répétition du mot « humide » n'est pas la seule trace de la symbolique vaginale mise en œuvre. La bouche de Monroe, ouverte pour le baiser, n'est jamais immobile, elle reste frémissante. Cette image n'a rien à voir avec le petit rond tracé par les lèvres de Clara Bow, ou le papillon nettement dessiné par la bouche de Jean Harlow. La bouche de Monroe reste vague, sans forme définie.

Je ne prétends pas ici que des lèvres frémissantes sont forcément un symbole vaginal. Par contre, il apparaît que cet élément vient s'ajouter à beaucoup d'autres pour former une image de Monroe qui devient la représentation d'une sexualité féminine floue, informe. Écoutons Norman Mailer. Son livre évoque Monroe en termes quasi exclusivement « vaginaux ». Tout en elle est doux. Sa « chair est douce », ses yeux sont « aussi doux que ceux d'une biche » et ses baisers sont « tels le velours » « son ventre s'arrondissait en une féminité épanouie (...) – symbole d'une chaude et sombre fécondité. » (p. 16). Déployant tout un florilège de métaphores sexuelles à peine déguisées, Mailer décrit Monroe dans *Les hommes préfèrent les blondes* comme une sorte de pénis flasque (informe, mou), puis comme un vagin béant mais accueillant : « corps ivre de lui-même, prêt à basculer au bord du monde et à entraîner votre corps dans une chute d'oreillers et de miel ».

Pour Mailer, elle atteint son apothéose dans *Les Désaxés*, et sa description corrobore clairement le lien que j'ai établi entre sexualité et absence de contour : « Ici, elle est moins "sexuelle" que "sensuelle" et sur l'écran, elle semble n'offrir aucun linéament net. Elle est moins une femme qu'une humeur, un nuage de sensations mouvantes en forme de Marilyn Monroe. » (p. 193)

Du point de vue de l'émancipation des femmes, la représentation « vaginale » du corps de Monroe est ambivalente. Dans le cadre du psycho-discours, l'orgasme vaginal implique une pénétration par le pénis ; comme pour la disponibilité et le narcissisme, la sexualité féminine est à nouveau définie comme dépendant de la sexualité masculine et l'autonomie du clitoris est évacuée. Incarnant cette conception, Monroe en est prisonnière. Cependant, le développement de cette imagerie vaginale annonce également une des orientations de l'art féministe des années soixante-dix, où certaines artistes produisent des œuvres cherchant à se réapproprier la connaissance et la célébration du vagin, cet organe longtemps méprisé, le « con » qui n'existe que pour les hommes. Ces travaux seront ensuite critiqués par d'autres féministes, qui leur reprocheront de placer le vagin comme centre de l'identité féminine, représentation elle-même très présente dans la définition patriarcale de la féminité. Mais, à une époque, ces tentatives ont semblé nécessaires à la réappropriation par les femmes de cette partie de leur corps, longtemps réduite à n'exister qu'en fonction de la sexualité masculine. Les connotations vaginales de l'image de Monroe ont peut-être aidé à dépasser un système de représentation qui ne comprenait la sexualité qu'en termes masculins. Mais cet exemple montre combien il est difficile d'analyser l'image de Monroe à travers le prisme du féminisme contemporain.

Politique sexuelle

Jusqu'ici, j'ai abordé l'image de Monroe en m'appuyant sur les discours produits de son vivant. Comprendre la manière dont cette image a été perçue et commentée au cours des décennies suivantes est une entreprise fort différente. Je vais maintenant me placer d'un point de vue féministe afin de lire ce qui, après tout, est bel et bien présent dans cet ensemble d'images ; cette impression, encore diffuse, que les femmes n'occupent pas une position très enviable dans la société capitaliste contemporaine, le « problème sans nom » de Betty Friedan, la « révolte imminente » de Brandon French.

Le mouvement des femmes voit Monroe, au pire, comme le paradigme de la femme réduite à l'état d'objet sexuel et, au mieux, comme celle qui a tenté de se rebeller contre cette réification. Susan Brownmiller (1975) que j'ai déjà citée, exprime très clairement la première position. L'article de Gloria Steinem (1973), « Marylin, la femme qui est morte trop jeune », paru dans le magazine *Ms*, fut un des premiers exemples de l'autre position. Mais Steinem elle-même prend soin de rappeler que cette réhabilitation ne peut se faire que de manière rétrospective – « Nous la prenons *enfin* au sérieux » (je souligne). Molly Haskell (1974, p. 191) est encore plus claire :

> Les femmes (...) ont regretté leur hostilité première à l'égard de Monroe et en ont fait une martyre du chauvinisme mâle, ce qu'elle était en grande partie. Mais, de son vivant, les femmes ne pouvaient s'identifier avec elle et ne la soutenaient pas.

Je n'ai pas réalisé d'analyse statistique rigoureuse, mais j'ai fait lire ce passage à de nombreux groupes de femmes qui ont vécu à l'époque où Monroe était célèbre, et elles ont confirmé à une écrasante majorité l'hypothèse de Haskell. Il ne faut pas en conclure que Monroe ne fut jamais une figure d'identification pour les femmes ; mais il apparaît en tout cas que la manière dont l'image de Monroe problématise le fait d'être un objet sexuel n'a rien à voir avec le discours développé par le féminisme des années soixante-dix autour des notions de réification et de désir. Nous pouvons seulement dire que les contradictions de son image ont parfois ouvert la porte à l'élaboration de ces discours, mais rien en elle ne permettait d'élaborer l'analyse sophistiquée de la représentation des femmes que le féminisme nous a donnée depuis.

Deux citations très connues de Monroe illustrent cette idée. De prime abord, elles semblent se rapprocher de la critique féministe de la réification sexuelle. Dans sa première interview après sa rupture avec Hollywood, Monroe déclare : « J'ai créé ma propre maison de production afin de jouer les rôles qui m'intéressent. Beaucoup de mes films ne me plaisent pas. J'en ai assez des rôles sexy. Je ne veux plus jouer de rôles sexy. » (Zolotow, 1961, p. 191)

Dans sa dernière interview, donnée à *Life*, elle affirme : « Le problème, c'est qu'un *sex symbol* devient une chose – j'ai horreur d'être une chose. »

On peut sélectionner ce genre de déclarations pour soutenir la thèse selon laquelle Monroe anticipait les positions féministes des années soixante-dix : l'aliénation (être prise pour une chose) suscitée par le fait d'être uniquement perçue en termes sexuels.

Mais le contexte interdit ce type de lecture. Ou plutôt, il montre combien le discours de Monroe est confus, contradictoire. Dans le premier exemple, l'apparence de Monroe lors de la conférence de presse ne pouvait que discréditer son propos. Voici la description qu'en donne Maurice Zolotow (p. 191), toujours aussi complaisant, mais qui montre combien la déclaration de Monroe est minée par la manière dont elle s'offrait au regard :

> La « Nouvelle Marilyn » n'a pas l'air de vouloir rentrer dans les ordres, ni même de vouloir incarner une des sœurs de Tchékhov. Elle se glisse dans la salle, moulée dans une robe de satin blanc qui révèle 40 % de sa poitrine. Elle est maquillée jusqu'au bout des cils, ses cheveux ont une teinte nouvelle de platine « adouci » et ses lèvres sont d'un rouge éclatant.

Une telle apparence pousse en général le public à s'arrêter à l'objet plutôt qu'à la personne qui déclare ne plus vouloir être cet objet, déclaration qui prend alors l'allure d'une réplique typique de « blonde idiote ». Cependant, le fait de se présenter comme objet sexuel permet à Monroe de s'assurer l'attention et l'approbation de son auditoire. Ainsi, l'écart entre son apparence et son discours révèle la difficulté de développer une critique des rôles sexuels lorsqu'une telle critique n'existe pas (encore).

Dans ce sens, il est important de lire la fin de la citation de *Life* : « Mais si je dois être le symbole de quelque chose, je préfère que ce soit du sexe. »

À de nombreuses reprises, Monroe semble adopter un point de vue « progressiste » sur le sexe : elle refuse de le présenter comme quelque chose de sale ou de condamnable. Mais, dans les années cinquante, cela l'enferme quasi automatiquement dans les discours sur la sexualité que j'ai décrits ici : celui de *Playboy*, où les femmes ne sont que le moyen pour les hommes d'atteindre la liberté sexuelle, et le psycho-discours qui fait de la sexualité féminine un domaine aussi mystérieux qu'ineffable. À partir de *Arrêt d'autobus*, les rôles de Monroe esquissent les contradictions de son image, mais ses personnages sont toujours définis par le rapport qu'entretiennent les hommes avec leur sexualité. Seul *Les Désaxés* commence à imaginer la possibilité d'une sexualité féminine existant pour elle-même, tout en l'emprisonnant dans le discours de l'absence de contour. Les personnages masculins du film regardent Monroe, incapables de comprendre sa sensualité ; étreignant un arbre, elle les/nous regarde avec une expression béate et vide qui cherche à exprimer ce qui est par avance défini comme indicible.

Cependant, certains de ses films les plus tardifs permettent d'entrevoir les pièges tendus aux femmes par le discours des années cinquante sur la sexualité. *Arrêt d'autobus* est l'exemple le plus riche. Il est en effet possible, sans faire une lecture trop subjective du film, de lire Cherie/Monroe non pas seulement comme un objet du désir masculin, mais également comme une personne contrainte de vivre avec le poids de cette réification.

Les plus longues répliques de Cherie figurent dans des séquences où elle s'adresse à d'autres personnages féminins, c'est-à-dire où elle peut être naturelle et se livrer, au lieu de jouer la comédie ou de devoir lutter contre un homme. Avec Vera, la serveuse (Eileen Heckart), elle parle de son rêve de devenir une chanteuse et une vedette hollywoodienne, afin d'être davantage respectée qu'elle ne l'a été jusqu'ici. Avec la jeune femme rencontrée dans le bus, Elma (Hope Lange), elle parle de l'homme idéal, un homme qui possèderait des qualités traditionnellement masculines, mais aussi des traits plus féminins :

> Je veux un homme que je puisse admirer, mais je ne veux pas qu'il me prenne de haut. Je veux un homme qui soit gentil avec moi, mais qui ne me traite pas comme un bébé. Je veux un homme qui me respecte vraiment, en plus de m'aimer et tout le tralala.

Rien de tout cela n'est terriblement radical ou progressiste. Il s'agit de l'individualisme ordinaire (« j'essaie de devenir quelqu'un ») et de la conception sentimentale de l'homme idéal. Mais si ces rêves sont formulés par une simple danseuse de cabaret, ils sont légitimés par le sérieux du jeu de Monroe, la manière dont sont filmées ces scènes et surtout par le fait qu'il s'agit d'un dialogue entre deux femmes. L'ambition et le romantisme naïf du personnage ne sont à aucun moment ridiculisés par le film et ils montrent surtout que Cherie/Monroe *joue* le rôle de la danseuse un peu simplette.

Le caractère artificiel du personnage est également mis en avant dans les chansons du film, notamment le numéro de *That Old Black Magic*. À commencer par le choix de ce morceau. Beau cherche un « ange » et lorsqu'il entre dans le saloon et voit Cherie pour la première fois, il murmure : « Regardez comme elle brille, si pâle, si blanche. » Elle est son ange de lumière, mais la chanson s'intitule *That Old* Black *Magic*, titre aux consonances démoniaques. Au cours de son numéro, nous découvrons comment elle façonne elle-même son image. Elle déclenche des interrupteurs pour modifier la lumière en fonction des paroles de la chanson ; et les gros plans nous font comprendre qu'elle joue un rôle, comme lorsqu'elle prend une pose très maniérée pour dire « I should stay away but what can I do ? », ou lorsqu'elle pose la main sur sa bouche avec un geste exagéré pour « kiss, kiss, kiss ». Avant de dire ce passage, elle fait un clin d'œil à Beau et sourit avec un gloussement, suggérant ainsi qu'elle a besoin de la complicité d'un regard masculin pour *faire son numéro*.

Il est cependant indispensable de confronter ces quelques éléments avec la tendance générale du film, qui s'accentue à mesure que celui-ci progresse. Cherie/Monroe est en effet l'objet de trois gags visuels, que nous sommes invités à trouver drôles, qui l'humilient et affirment la domination masculine. Le premier se produit au rodéo, lorsqu'un journaliste de *Life* prend Cherie en photo (car Beau vient d'annoncer leur mariage). Elle se penche pour prendre son rouge à lèvres dans son sac, le photographe prend un cliché de son fessier et s'en va. « Je n'avais pas de rouge à lèvres ! » se plaint-elle alors. À un premier niveau, cette scène peut signifier que Cherie tient à être sexy, mais pas de la manière déshumanisante que lui impose le photographe. Mais en fait, le gag (et surtout la réplique de Monroe) ne fonctionnent que si le spectateur se place du côté du journaliste et du film, en affirmant que, bien sûr, nous préférons voir ses fesses plutôt que son visage, et qu'il n'y a qu'une blonde idiote pour ne pas comprendre cela. Plus tard, au saloon, quand Cherie essaie de quitter Beau, il l'attrape par son costume de scène, dont la queue lui reste dans la main. « Rends-moi ma queue ! » hurle-t-elle d'une voix suraiguë. Là encore, il est possible de lire la scène comme une dénonciation du caractère ridicule de l'accoutrement des danseuses, mais ce serait aller contre le film. En effet, c'est avant tout le personnage qui est ridiculisé par la maladresse de la réplique. Le troisième gag, que j'ai déjà mentionné, se produit lorsque Beau attrape Cherie au lasso pour l'empêcher de monter dans le bus. La scène nous invite à rire malgré une humiliation aussi cuisante, ou plutôt à rire *de* cette humiliation.

Certains éléments de dialogue et de jeu semblent construire un début de critique de l'image conventionnelle de Monroe, mais les gags (et surtout le sens général du récit) nous invitent à nous moquer d'elle et à souhaiter sa « capture » finale.

Il semble donc que le film soit tantôt crypto-féministe, tantôt machiste, ou plus simplement un mélange des deux. La manière dont Monroe est regardée par le film illustre bien ce double discours et permet de comprendre de quelle manière, et dans quelles limites, le film, et Monroe, esquissent la critique que le féminisme formulera plus tard.

Le premier plan de Monroe, comme très souvent dans ses films, est un plan subjectif. Il ne s'agit cependant pas du point de vue de Beau, mais de celui de Virgil, son mentor. Virgil regarde par la fenêtre de l'hôtel ; nous voyons avec lui Monroe de loin ; le plan suivant montre Beau qui se rase. Ceci est important, car le fait que le héros ne l'ait pas encore vue signifie que Monroe ne nous est pas montrée à travers un regard désirant.

Le point de vue de Virgil est un plan d'ensemble. Nous passons ensuite à un plan plus rapproché sur Monroe, puis nous revenons au plan large. Nous la voyons donc mieux que Virgil. Ceci satisfait bien sûr notre voyeurisme sur le plan sexuel mais aussi sur le plan du récit, notre rapport au personnage et à la star (quel genre de personnage interprète Monroe ? De quoi a-t-elle l'air dans ce rôle ? etc.)

Dans le second plan large, un groupe d'hommes entre dans la pièce et se presse autour de Monroe qui essaie de les repousser. Le cercle qu'ils forment est rompu par le tenancier de l'établissement qui les disperse et invective Cherie pour qu'elle se remette au travail. Ce plan met très clairement en scène le pouvoir masculin (des clients du saloon et du propriétaire) qui domine Cherie/Monroe. Et, si celle-ci est également dominée par la caméra, le regard de Virgil et le nôtre, la séquence problématise le fait même d'être regardée. Nous regardons une image qui met en scène la politique du regard.

La scène suivante se passe dans les loges, loin du regard de

Virgil. Elle nous permet de voir ce que les premiers plans larges ne montraient pas car ils jouaient sur la magie de la femme à demi dévêtue aperçue depuis la fenêtre d'une chambre d'hôtel. Ici, on voit tout de suite que ses cheveux sont décolorés ; son visage est d'une pâleur mortelle et ses bas sont filés. Cette absence de glamour est accentuée par la manière disgracieuse dont elle enfile son collant. Les séquences qui se passent dans les loges de danseuses sont en général voyeuristes. Par exemple, *Le Prince et la danseuse* joue avec notre désir de « voir ce que nous ne sommes pas censés voir » avec des cadrages et des mouvements de caméra qui nous empêchent de voir Elsie/Monroe jusqu'à ce qu'elle soit complètement habillée. Au contraire, la scène d'*Arrêt d'autobus* est très directe. Rien ne nous est caché (dans la limite des conventions de l'époque) mais nous ne sommes pas censés voir quelque chose de particulier. Nous sommes là pour voir, c'est vrai, et le fait que nous regardions Marilyn en train d'enfiler son collant devrait favoriser le voyeurisme, mais la gaucherie de Monroe, sa conversation banale avec une femme qui n'est pas danseuse, le décor vulgaire, rien ne vient susciter ce genre de plaisir. Au contraire, la mise en scène nous incite à aller au-delà de l'apparence de la danseuse, et les dialogues soulignent qu'elle voudrait changer de métier. Cette scène qui pourrait correspondre à une situation de voyeurisme permet en fait de comprendre le point de vue d'une femme dont le métier même est d'être regardée.

Plus on s'éloigne des années cinquante, plus l'image de Monroe semble pouvoir prendre des significations différentes. À propos de *Certains l'aiment chaud*, Molly Haskell (1974) et Brandon French (1978) décrivent Monroe comme une figure androgyne qui vient s'intégrer à la grande confusion sexuelle instaurée par le film (hommes travestis, orchestre de jazz féminin, mariage entre hommes, etc.). Cela semble ouvrir une piste radicalement différente de celles que nous avons explorées jusqu'ici. Alors que j'écrivais à propos de l'imagerie vaginale qui entoure Monroe, je ne cessais d'osciller entre deux points de vue. D'un côté, Monroe comme image de la satisfaction sexuelle de type vaginal et, de l'autre, Monroe, dont la bouche est toujours prête mais jamais satisfaite, comme l'incapacité à atteindre cette même satisfaction. Je pense cependant que cette deuxième lecture est influencée par notre vision contemporaine, où cette sexualité ineffable n'existe plus. Dans les années cinquante, sous le règne du psycho-discours et du mythe de l'orgasme vaginal, le corps, les gestes et les expressions de Monroe incarnaient probablement l'idée même de satisfaction sexuelle.

Le sens que prend aujourd'hui l'image de Monroe ne peut être compris qu'à travers l'étude des discours qui ont été produits depuis, sur l'androgynie par exemple, ou sur l'opposition entre orgasme vaginal et clitoridien. Les raisons pour lesquelles l'image de Monroe peut encore aujourd'hui servir de toile de fond à ces discours est encore une autre question. Peut-être est-ce parce qu'elle est devenue une sorte de talisman symbolisant ce que nous rejetons : le prix qu'il fallait payer pour vivre dans le cadre du discours des années cinquante sur la sexualité. Dans ce sens, elle flatte notre certitude d'avoir progressé. Mais nous sommes peut-être moins éloignés des années cinquante que nous aimons à le penser. La vision de la sexualité comme naturelle, le discours autour du refoulement, le caractère mystérieux et insaisissable de la sexualité féminine, la sexualité comme clef permettant d'atteindre la vérité et le bonheur, ces conceptions sont encore actuelles. Tant que la sexualité sera perçue de cette manière, Monroe continuera à la fois à l'incarner et à nous rappeler le prix à payer pour vivre avec ce mythe.

BIBLIOGRAPHIQUE SÉLECTIVE

N.B. La liste des ouvrages mentionnés dans le texte (dans leur traduction française quand elle existe) a été complétée par une sélection de titres parus en français.

ALPERT Hollis, « Sexual Behaviour in the American Movie », *Saturday Review*, n° 39, 23 huin 1956.

BERCKMANS Christine, *Marilyn Monroe, mythe et séduction*, Paris L'Harmattan, 1993.

BROWNMILLER Susan, *Against Our Will*, Londres, Secker & Warburg, 1975.

CONWAY Michael et Mark RICCI, *The Films of Marilyn Monroe*, Secaucus NJ, Citadel, 1964.

COOK Pam, « Star Signs », *Screen*, vol. 20, n° 3/4, Hiver 1979/80, pp. 80-88.

DENNIS Norman, Fernando HENRIQUES & Clifford SLAUGHTER, *Coal Is Our Life*, Londres, Tavistock, 1969.

DYER Richard, *The Dumb Blonde Stereotype*, Londres, British Film Institute, 1979.

ELLMAN Mary, *Thinking About Women*, New York, Harcourt, Brace Janovich, 1970.

FARNHAM Marynia & Ferdinand LUNDBERG, *Modern Woman, the Lost Sex*, New York, Harper & Bros., 1947.

FIEDLER Leslie A., *Love and Death in the American Novel,* Dalkey Archive Press, 1977 [1960].

FOUCAULT Michel, *Histoire de la sexualité*, vol. 1, Paris, Gallimard, 1976.

FRENCH Brandon, *On the Verge of Revolt*, New York, Frederick Ungar, 1978.

FRENCH Marilyn, *Toilettes pour femmes*, (trad.), Paris, Robert Laffont, 1978.

FRIEDAN Betty, *La Femme mystifiée*, (trad.), Paris, Gonthier, 1964

FULLER Peter, *Art and Psychoanalysis*, Londres, Writers & Readers, 1980.

GAGNON J.H. & William SIMON, *Sexual Conduct*, Londres, Hutchinson, 1974.

GORNICK Vivian & Barbara K. MORAN (dir.), *Women in Sexist Society*, New York, Basic Books.

GUILES Fred Lawrence, Norma Jean, New York, McGraw-Hill, 1969.

HARRIS Thomas B., « The Building of Popular Images : Grace Kelly and Marilyn Monroe », *Studies in Public Communication*, n° 1, 1957

HASKELL Molly, *La Femme à l'écran, de Garbo à Jane Fonda*, (trad.), Paris, Seghers, 1977.

HESS Thomas B., « Pin-up and Popcorn », in HESS Thomas B. & NOCHLIN Linda (dir.), *Woman as Sex Object*, New York, Newsweek, 1972.

KINSEY Alfred C., avec la collaboration de Wardell B. Pomeroy et Clyde E. Martin, *Le Comportement sexuel de l'homme*, (trad.), Paris, Éditions du Pavois, 1948.

KINSEY Alfred C., et al., *Staff of the Institute for Sex Research, Sexual Behavior in the Human Female*, Indiana University, Philadelphia and London, 1953.

MAILER Norman, *Marilyn : une biographie*, (trad.), Paris, Ramsay, 1985

MCINTOSH Mary, *Papers on Patriarchy*, Lewes, Women's Publishing Collective, 1976.

METALLIOUS Grace, *Peyton Place*, New York, Frederick Muller, 1957

— , *Return to Peyton Place*, New York, Frederick Muller, 1960.

MILLER Douglas T. & Mary NOWAK, *The Fifties, the Way We Really Were*, Garden City, New York, Double Day, 1977.

MORANTZ Regina Cornwell, « The Scientist as Sex Crusader, Alfred C. Kinsley and American Culture », *American Quarterly*, vol. XXIX, n° 5, 1977.

OATES Joyce Carol, *Blonde*, (trad.), Paris, Le Livre de poche, 2002.

RYAN Mary P., *Womanhood in America*, New York, Franklin Watts, 1975.

SAXTON Martha, *Jayne Mansfield and the American Fifties*, boston, Houghton Mifflin, 1975.

SHEINWOLD Patricia Fox, *Too Young to Die*, Londres, Cathay, 1980

SINCLAIR Marianne, *Ils sont morts trop jeunes*, (trad.), Paris, Ramsay, 1981.

SPOTO Donald, *Marilyn Monroe, la biographie*, (trad.), Paris, Presses de la Cité, 1993.

STANLEY Liz, *The Problematic Nature of Sexual Meanings*, Manchester, British Sociological Association Sexuality Study Group, 1977.

STEINEM Gloria, « Marilyn – The Woman Who Died Too Soon », *The First Ms. Reader*, New York, Warner, 1973.

TRICKNER Lisa, « The Body Politic : Female Sexuality and Women Artists since 1970 », *Art History*, vol. 1, n° 2, juin 1978, pp. 236-241

WALTERS Margaret, *The Nude Male*, New York et Londres, Paddington Press, 1978.

WEEKS Jeffrey, *Sex, Politics and Society*, Londres et New York, Longman, 1981.

WHITMAN Howard, *The Sex Age*, Indianapolis, Bobbs Merrill, 1962

ZOLOTOW Maurice, *Marilyn Monroe*, (trad.) Gallimard, 1961 ; reéd. 1992, Folio.

Index des titres de films

Index des noms

TABLE DES MATIERES

Le Star-système hollywoodien

646004 - Mars 2016
Achevé d'imprimer par

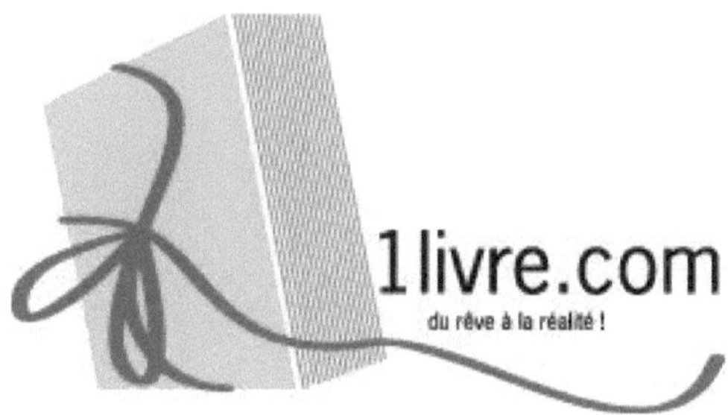